UPCYCLED
BEAUTY

ANNA BRIGHTMAN

UPCYCLED BEAUTY

Lebensmittel,
die nachhaltig
schön machen:
Natürlich vegane
No-Waste-Pflege
aus der Küche.

FOTOGRAFIE: LIZZIE MAYSON

HÄDECKE

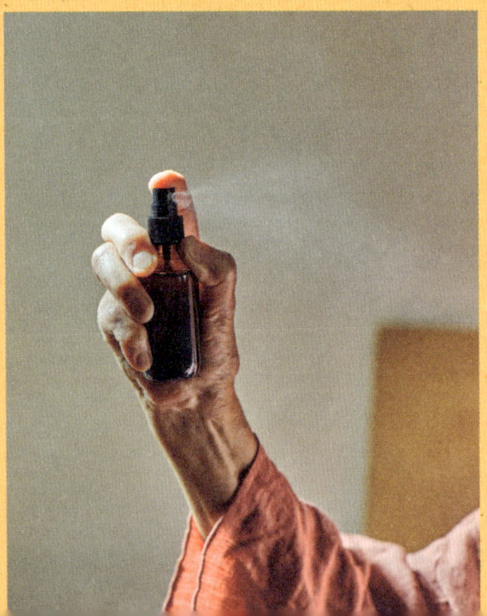

INHALT

LOS GEHT'S!

Hallo und herzlich willkommen in diesem Buch mit Hautpflege-, Schönheits- und Haushalts-Ideen aus upgecycelten Zutaten! Ich bin Anna – Mitbegründerin von *UpCircle*, einer Beauty-Marke, die mein Bruder William und ich 2016 gegründet haben.

Da wir in Jobs festsaßen, die uns nicht erfüllten, wollten wir unser eigenes Unternehmen gründen, das den Menschen und dem Planeten wirklich guttut: Etwas Anderes, Aufbauendes und etwas, das die Zukunft einer Branche sein kann. Also suchten wir nach dem richtigen Moment, in dem wir unsere unterschiedlichen Stärken ausspielen könnte – meine Erfahrung in der Mode-PR, im Supermarktmanagement und meine langjährige Leidenschaft für Make-up sowie Williams Kenntnisse in den Finanzen.

DAS PROBLEM ERKENNEN

Auf dem Weg zur Arbeit hielt William immer an einem Café an, um sich einen Kaffee zu holen. Aus Neugierde und auf der Suche nach Inspirationen, woher auch immer sie kommen mögen, fragte er den Barista, was eigentlich mit dem Kaffeesatz passiert, der bei jedem zubereiteten Kaffee anfällt. Die Antwort schockierte ihn. Dieses kleine unabhängige Café produzierte so viel Kaffeesatz pro Tag, dass für das Einsammeln und Entsorgen der Abfälle weitere Gebühren bei der Gemeindeverwaltung fällig waren. Und wo ist dieser Abfall gelandet? Du hast es erraten: auf der Mülldeponie.

DIE LÖSUNG FINDEN

Plötzlich hatten wir ein Problem, das wir angehen wollten: Was soll mit den entsorgten Kaffeeabfällen passieren? Was wäre unsere Lösung? Wir recherchierten so viel über Kaffee, wie wir nur konnten, und fingen dann an, in den Coffeeshops nachzufragen, ob wir ihren Kaffeesatz abholen dürften – eine Win-Win-Situation für beide Seiten: Sie würden Entsorgungskosten sparen, wir bekämen unseren Haupt-Inhaltsstoff.

Als Teenager war es mein Traumberuf, Visagistin zu werden. Ich habe Stunden damit verbracht, YouTube-Tutorials anzusehen. Eine der ersten Lektionen, die man lernt: Vor einem guten Make-up kommt eine gute Hautpflege. War es zu ehrgeizig, eine Schönheitsmarke auf Grundlage der Kreislaufwirtschaft zu gründen und somit Abfall in einem neuen Licht zu sehen?

SO BEGANN ALLES

Ehe wir uns versahen, hatten wir eine Liste von rund 100 Restaurants, Cafés und Bars, die alle im Umkreis von einer Meile lagen und deren Kaffeesatz wir jeden Tag einsammeln konnten. Also starteten wir unsere nachhaltige Hautpflege-Marke *UpCircle* mit der Herstellung von Kaffee-Peelings! Im ersten Jahr konzentrierten wir uns auf Kaffee, aber es dauerte nicht lange, bis die Leute Wind davon bekamen, was wir vorhatten – und sie kamen auf uns zu: „Hey, ich besitze eine Marke, die stellt X her, hinterlässt aber Y. Ich habe keine Verwendung für Y bei dem, was ich mache, aber es ist eine Schande, es wegzuwerfen, wenn es noch so viel zu bieten hat. Meint ihr, ihr könntet es bei *UpCircle* gebrauchen?"

Wenn das der Fall ist, prüfen wir als Erstes, ob das Nebenprodukt nachweislich positive Auswirkungen auf Haut oder Haar hat und für die Verwendung in einem Haut-, Schönheits- oder Haarpflegeprodukt auch sicher ist. Als Nächstes muss eine zuverlässige Versorgung mit dieser Zutat gewährleistet sein. Und schließlich müssen wir es bis an den Anfang seines ersten Produktlebens zurückverfolgen können, um sicherzustellen, dass es vom ersten Tag an ethisch und verantwortungsbewusst produziert wurde. Sobald dies alles bestätigt ist, lassen wir uns Proben zuschicken und der Produktentwicklungsprozess beginnt! In diesem Buch erzähle ich einige der Entstehungsgeschichten von Zutaten, mit denen wir arbeiten.

KREISLAUF VON VORNE BIS HINTEN

Wir retten unzählige Zutaten, um *UpCircle*-Produkte herzustellen. Es gibt solche, die eine gewisse Textur verleihen wie Chai-Gewürze, Kaffeesatz und Rosenblüten-Blätter; es gibt Pulver aus Olivenkernen, Haferspelzen, Arganschalen und Aprikosenkernen; es gibt Kondensfruchtwasser, das bei der Herstellung von Saftkonzentraten anfällt; es werden Öle von Himbeer-, Blaubeer- und Dattelsamen extrahiert, die bei der Herstellung von Fruchtpürees und Brotaufstrichen in der Lebensmittelindustrie übrig bleiben; es gibt Wachse, die aus Fruchtschalen hergestellt werden; es gibt sogar weiterverwertete Holzabfälle wie Ahornrinde und Zedernholz, die als Nebenprodukte in der Möbelindustrie anfallen.

In diesem Buch verraten wir Dir einige der Rezepte, die wir nutzen, sowie eine Handvoll neuer Ideen und Produkte, die aber nicht die Haltbarkeit haben, die wir für unsere brauchen. Ich hoffe, dass Du dadurch die Freude und Kreativität des Rettungs- und Wiederverwendungsprozesses mit uns teilen kannst. Auf den folgenden Seiten lernst Du die Grundlagen für die Herstellung von Hautpflege aus weiterverwerteten schönen, hautliebenden Neben- oder Abfallprodukten kennen, die eine Basis für Deine eigenen Hautpflege-Favoriten werden können. Wir würden uns wirklich freuen, Deine kreativen Ideen zu sehen, also tagge uns bitte in den sozialen Medien oder maile uns einige Fotos!

Probiere aus, wirf einfach mal alles über Bord und entdecke die Schönheit im Verborgenen.

Anna

WIESO, WESHALB, WARUM

UNSERE KÜCHEN SIND VOLLER ZUTATEN MIT UNGENUTZTEM POTENZIAL:

Eine ***überreife Banane*** kann als beruhigende Gesichtsmaske eingesetzt werden (Seite 22) und aus ihrer ***Schale*** kann eine Fußmaske hergestellt werden (Seite 26). ***Welke Kräuter*** können zu Lippenbalsam (Seite 30), zu Körperbutter (Seite 36) oder Haar-Öl (Seite 62) werden; und die Schale Deiner ***Wassermelone*** wird zu einer wohltuenden Aftersun-Pflege (Seite 38). Natürlich haben wir auch unser Markenzeichen – ***Kaffee***-Peelings: eines für den Körper (Seite 44) und eines fürs Gesicht (Seite 46), aber auch ***Hafer***-Peelings (Seite 49 und 50). Es gibt viele Verwendungsmöglichkeiten für ***Zitrusschalen:*** Körperöl (Seite 66), Lippenpeeling (Seite 51), Bade-Bomben (Seite 98) oder Reinigungsspray (Seite 108). Und traurig aussehende ***Blumen*** wandern in Bade-Salze (Seite 96). Die Möglichkeiten sind endlos! Wir haben über 50 unserer Lieblingsprojekte zusammengestellt, die Du einfach mal ausprobieren kannst.

Und wir werden gemeinsam ein paar Duft-Öle aus vermeintlich überflüssigen Zutaten herstellen – keine Sorge, es ist einfacher, als es klingt –, um ihnen neues Leben einzuhauchen. Die meisten davon findest Du auf den Seiten 132–137.

Du benötigst nur die Utensilien, die Du ohnehin schon daheim zum Kochen verwendest, und die meisten Zutaten für die Herstellung Deiner Produkte, findest Du bereits in Deinem Küchen- oder Kühlschrank, mit Ausnahme von wenigen, eher auf die Schönheit ausgerichteten Inhaltsstoffen, aber die sind leicht in DIY-Fachgeschäften oder online zu bekommen.
Wenn Du Deine Haut mit natürlicher Pflege versorgen und Du mehr tun möchtest, um die Lebensmittelverschwendung zu reduzieren, dann hoffe ich, dass dieses Buch zu Deinem Leitfaden für die Herstellung von schönen und praktischen Dingen für Dich und Deine Lieben werden kann!

WEITERVERWERTETE ZUTATEN, DIE DEINE HAUT LIEBEN

Das sind die einfachen Zutaten, die wir in Haar- und Hautpflege umwandeln werden – und wir möchten, dass Du auch verstehst, warum sie dafür so gut geeignet sind!

→ **Apfel:** erhöht die Geschwindigkeit des Zellerneuerung und hilft, Deine Haut frisch und gesund aussehen zu lassen und sich auch so anzufühlen; reich an den Vitaminen A, B und C.

→ **Aprikose:** klasse zur Straffung und Festigung der Haut; enthält natürliche Linolsäure (Omega-6-Fettsäure), welche die Hautbarriere stärkt, und Ölsäure (Omega-9-Fettsäure), durch die Deine Haut geschmeidiger wird.

→ **Avocado:** großartig für die allgemeine Gesundheit der Haut; gut für die Befeuchtung und Elastizität Deiner Haut, was daran liegt, dass sie der Haut hilft, Feuchtigkeit zu speichern und für ein gepflegtes und weiches Gefühl sorgt.

→ **Banane:** reich an Zink, das den Heilungsprozess beschleunigen und Entzündungen reduzieren kann; Banane steckt zudem voller Vitamine und Mineralstoffe, die trockene, müde Haut nähren und revitalisieren.

→ **Beeren:** reich an Antioxidanzien! Diese helfen, freie Radikale zu bekämpfen, die frühe Anzeichen der Hautalterung, z. B. feine Fältchen verursachen; Beeren sind außerdem vollgepackt mit Vitaminen.

→ **Blumen:** beruhigend und sanft, wirken sie Wunder bei empfindlicher Haut; Blumen duften toll und muntern Haut und Stimmung auf!

→ **Chai-Gewürze:** sie riechen nicht nur unglaublich gut, sie fördern auch die Durchblutung und lassen Deine Haut strahlend und ausgeruht erscheinen.

→ **Gurke:** mit vielen wichtigen Nähr- und Mineralstoffen sowie Antioxidanzien, weshalb sie bei verstopften und vergrößerten Poren hilft; Gurke kann auch übermäßig fette oder trockene Haut regulieren.

→ **Hafer:** enthält Polysaccharide (Mehrfachzucker), die eine hydratisierende Wirkung haben und die Hautbarrierefunktion unterstützen; Hafer ist zudem ein gutes, sanft reinigendes, natürliches Peeling.

→ **Ingwer:** sensationell, um Rötungen und Schwellungen zu verringern; enthält Verbindungen, welche die Kollagenproduktion ankurbeln und somit zu einer gesunden, strahlenden Haut beitragen.

→ **Kaffeesatz:** ein sanftes, natürliches Peeling, das abgestorbene Hautschüppchen und trockene Hautzellen entfernt; sein Gehalt an Antioxidanzien wird erwiesenermaßen auch durch den Brühprozess erhöht! Koffein regt die Durchblutung an, daher hat Kaffee auch einen strahlenden Effekt auf müde Haut.

→ **Kartoffel:** enthält Antioxidanzien sowie die Vitamine A, B und C, die Deine Haut zum Leuchten bringen; Kartoffeln enthalten das Enzym Katalase, das dunkle Flecken reduzieren und den Hautton ausgleichen kann.

→ **Kokosmilch:** eine nährende Zutat, die bei trockener Haut und bei Hauterkrankungen wie Ekzemen, Dermatitis und Psoriasis wahre Wunder vollbringt; ihre natürlichen Fettsäuren wirken sich außerdem positiv auf Haar und Kopfhaut aus.

→ **Kräuter:** fantastisch zur Regulierung der Talgproduktion, was hilft, fettige Haut zu kontrollieren; Kräuter sind daher oft die wichtigsten Inhaltsstoffe bei der Pickel- und Aknebehandlung.

→ **Kürbis:** enthält viel Provitamin A und – je nach Sorte – Salicylsäure, die bei Hautunreinheiten sehr hilfreich ist; sein Beta-Carotin trägt dazu bei, dunkle Hautflecken zu reduzieren.

→ **Rote Bete:** sehr nützlich als natürlicher Farbstoff; getrocknet und pulverisiert wird sie als Kosmetik-Farbpuder in Rouge oder Lidschatten (Seite 87) verwendet, roh dient sie mit Wasser als Textilfarbe (Seite 122).

→ **Wassermelone:** verhilft Deiner Haut zu einem strahlenderen Teint; Wassermelone enthält die Vitamine A, B und C, die gemeinsam Deine Haut nähren, beruhigen und schützen.

→ **Zitrusfrüchte:** enthalten viel Vitamin C und können Deine Haut vor den stumpfmachenden Einflüssen der Umweltverschmutzung schützen; zudem wirken sie antibakteriell, was helfen kann, wenn Deine Haut verrückt spielt, und sie verhindern Pigmentflecken.

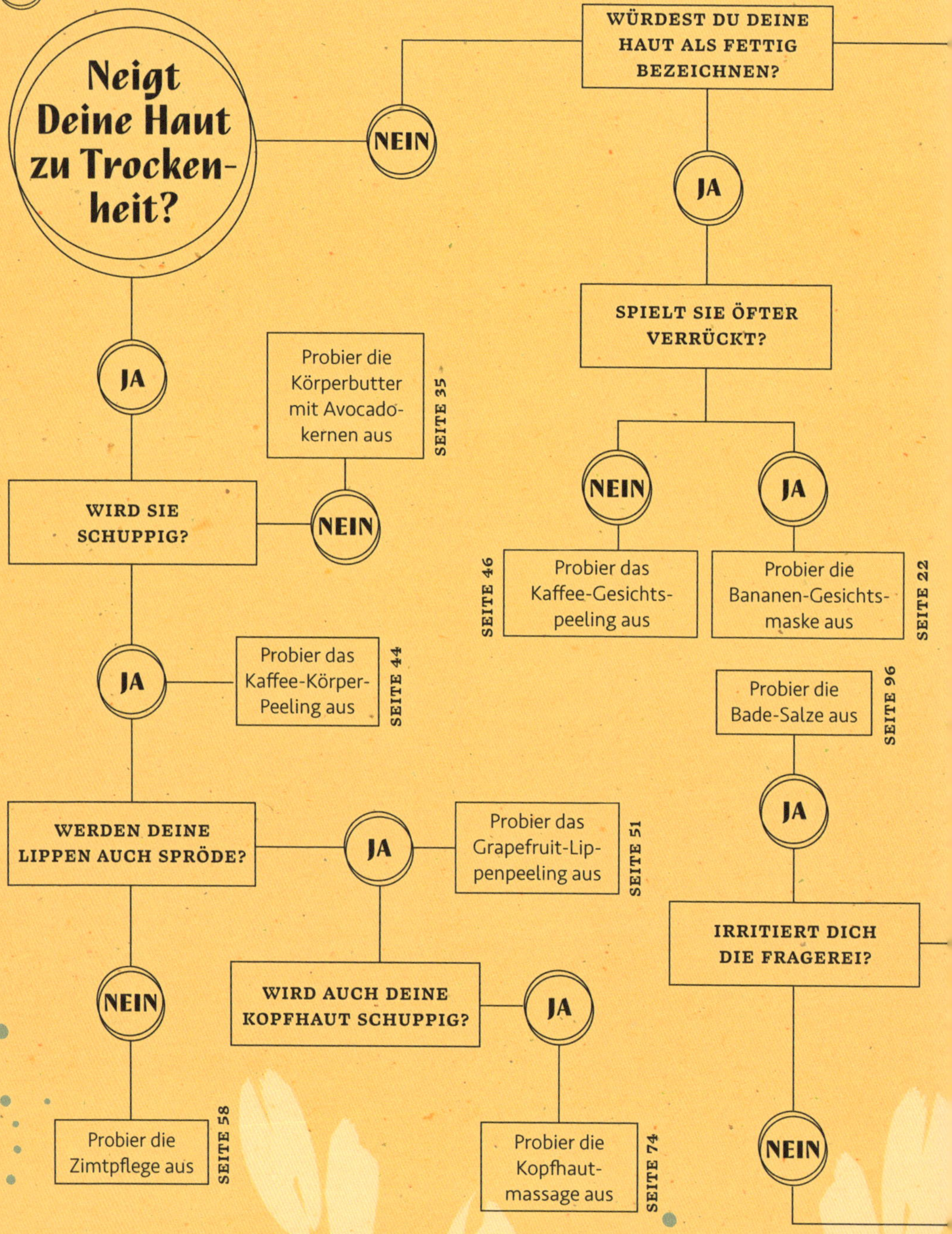
Neigt Deine Haut zu Trockenheit?
NEIN
WÜRDEST DU DEINE HAUT ALS FETTIG BEZEICHNEN?
JA
SPIELT SIE ÖFTER VERRÜCKT?
NEIN
Probier das Kaffee-Gesichtspeeling aus
SEITE 46
JA
Probier die Bananen-Gesichtsmaske aus
SEITE 22
JA
WIRD SIE SCHUPPIG?
NEIN
Probier die Körperbutter mit Avocadokernen aus
SEITE 35
JA
Probier das Kaffee-Körper-Peeling aus
SEITE 44
WERDEN DEINE LIPPEN AUCH SPRÖDE?
JA
Probier das Grapefruit-Lippenpeeling aus
SEITE 51
WIRD AUCH DEINE KOPFHAUT SCHUPPIG?
JA
Probier die Kopfhautmassage aus
SEITE 74
NEIN
Probier die Zimtpflege aus
SEITE 58
Probier die Bade-Salze aus
SEITE 96
JA
IRRITIERT DICH DIE FRAGEREI?
NEIN

NEIN
WIRKT DEINE HAUT HAUPTSÄCHLICH STUMPF?
JA
Probier die straffende Kürbis-Gesichtsmaske aus
SEITE 20
NEIN
SEITE 26
Füße: Teste die Bananen-Fußmaske
HÄNDE ODER FÜSSE?
Hände: Teste die Aprikosen-Handcreme
SEITE 32
FÜHLT SICH DEIN HAAR STUMPF AN?
JA
SEITE 24
Probier die Kokosmilch-Haarkur aus
NEIN
UND DEIN RESTLICHER KÖRPER?
NEIN
JA
Zeit für eine Kartoffel-Gesichtsmassage!
SEITE 23
JA
IST DIE HAUT UM DEINE AUGEN AUCH STUMPF?
NEIN
Dann lass uns beim Wesentlichen bleiben. Wie wär's mit einem Deo?
SEITE 82
SEITE 49
Teste das süße Hafer-Körperpeeling
WIE SIEHT ES MIT IRRITATIONEN ODER RÖTUNGEN AUS?
JA
KOMMT DAS VON EINEM SONNENBRAND?
JA
Probier die After-Sun-Pflege mit Wassermelonenschale aus
SEITE 38
SEITE 68
SEITE 100
NEIN
IST DEIN GESICHT ODER DER KÖRPER BETROFFEN?
Gesicht: Teste das Rosen-Gesichtswasser
Körper: Teste das Salbei-Öl
JA
Probier das Eis-Facial mit Gurke aus
LIEBST DU DEN KÄLTEKICK?
SEITE 77
NEIN
Probier die Bade-Bomben aus
SEITE 98
NEIN
JA
HAUT UND STIMMUNG SCHEINEN BEI DIR ZIEMLICH AUSBALANCIERT ZU SEIN. SCHÄTZT DU DIE EINFACHHEIT?
SEITE 40
Wärm Dich unter der Dusche auf und teste das feste Ingwer-Shampoo
Teste mal das Eis-Facial mit kaltem Kaffee
SEITE 72

MASKEN UND KUREN

In unserer schnelllebigen Welt, in der es reichlich Stress und Umweltverschmutzung gibt, trägt unsere Haut oft die Hauptlast dieser täglichen Herausforderungen. Eine Gesichtsmaske hilft, die Dinge zu verlangsamen und unserer Haut – sowie unserem Geist – einen Moment der Erholung zu geben, bei dem die Akkus wieder aufgefüllt werden. Dein Gesicht ist die Leinwand und die Palette ist eine reichhaltige Auswahl an einfachen natürlichen Inhaltsstoffen, die auf Deinen individuellen Hauttyp und seine Bedürfnisse abgestimmt sind – sei es, sensible Haut zu beruhigen, Akne zu bekämpfen oder müde Haut wieder zu verjüngen.

Bevor Du eine Maske aufträgst, reinige zuerst Deine Haut, Füße oder Haare.

Wenn von den Masken etwas übrig bleibt, kannst Du sie in einem verschlossenen Behälter bis drei Tage im Kühlschrank aufbewahren. Allerdings sorgt die Verwendung der Maske direkt nach ihrer Zubereitung für maximale Frische und Wirksamkeit.

VERJÜNGENDE AVOCADO-GESICHTSMASKE

ergibt 2 Masken

1 überreife Avocado
1 EL Hafermehl *(oder Hafer in einem Mixer zu feinem Pulver zerkleinern)*
1 TL Mandelöl oder ein anderes Pflanzenöl
1 TL Agavendicksaft *(wahlweise, für zusätzliche Feuchte)*
2–3 Trp 100 % natürliches ätherisches Lavendelöl *(wahlweise, zur Hautberuhigung)*

TIPP

Wenn Du nach einer Verwendung für die Avocadokerne oder -schalen suchst, probiere das Avocado-Nagelhautöl von Seite 60 aus.

DARUM WIRKT'S

Avocado ist reich an gesunden Ölen wie Omega-3-Fettsäuren und Ölsäure, die dazu beitragen, dass Deine Haut weich und geschmeidig wird und zudem mit ausreichend Feuchtigkeit versorgt ist. Das Mandelöl bietet noch zusätzliche Nährstoffe und Feuchtigkeit.

Immer eine perfekt gereifte Avocado auszuwählen, ist eine Fähigkeit, die ich nicht besitze. Wenn Du sie einmal zu lange liegen lässt oder merkst, dass die eine Avocado, die in der Obstschale als unterstes liegt, so braun wird, dass Du sie nicht mehr essen magst, dann verwende sie stattdessen als Gesichtsmaske. Die Avocado ist eine Powerquelle für essenzielle Nährstoffe und natürliche Öle, die Deine Haut tief nähren und revitalisieren.

1. Halbiere die überreife Avocado und gib das Fruchtfleisch in eine Schüssel. Zerdrücke es gründlich mit einer Gabel oder einem Löffelrücken, bis es eine glatte, klumpenfreie Konsistenz hat. Füge Hafermehl und Mandelöl hinzu und verrühre alles mit Agavendicksaft oder Lavendelöl (sofern verwendet).

2. Vermische alles gründlich, bis sich die Zutaten gut verbinden. Es sollte eine dicke, cremige Paste entstehen, die leicht auf das Gesicht aufzutragen ist.

3. Reinige Dein Gesicht vor Anwendung der Gesichtsmaske mit einem sanften Cleanser, um alles Make-up und jeglichen Schmutz oder Unreinheiten zu entfernen.

4. Trage mit sauberen Fingern oder einem Pinsel für Gesichtsmasken eine gleichmäßige Maskenschicht auf Dein Gesicht auf und spare dabei die empfindliche Augenpartie aus. Sobald die Gesichtsmaske aufgetragen ist, entspanne Dich und lass die Maske 15–20 Minuten ihre magische Wirkung entfalten, um Deine Haut gut zu nähren.

5. Spüle die Maske sanft mit warmem Wasser ab. Tupfe Dein Gesicht mit einem weichen Handtuch trocken und trage anschließend eine Feuchtigkeitscreme auf.

6. Falls Du nicht alles sofort verbrauchst, kannst Du die Maske im Kühlschrank in einem luftdicht verschlossenen Behälter aufbewahren und innerhalb von drei Tagen verwenden.

STRAFFENDE KÜRBIS-GESICHTSMASKE

ergibt 2 Masken

ca. 50 g Reste von Kürbisschnitzereien und Fruchtfleisch *(in Bio-Qualität)*
1 EL natives Kokosöl, geschmolzen
1 Prise Zimtpulver oder 1 Spritzer Ahornsirup *(nach Bedarf)*

Halloween ist meine Lieblingsnacht des Jahres. Als Teenagerin war es mein Traumjob, Maskenbildnerin zu werden. Und es war dieser Traum, der mein großes Interesse an Hautpflege geweckt hat. Es heißt nicht umsonst, dass das beste Make-up mit einer hervorragenden Hautpflege beginnt. Bei all der Gesichtsbemalung, den zuckerhaltigen Leckereien und den ständigen Grimassen an Halloween sieht die Haut am nächsten Tag etwas mitgenommen aus. Diese Maske bringt wieder Leben in Dein Zombie-Gesicht! Ich bin ein großer Kürbisschnitz-Fan. Was ich daran weniger liebe, ist die Verschwendung des Kürbisfleischs und all der Teile, die ich weggeschnitten habe. Klar sind Kürbissuppe, Kürbiskuchen und Chips aus Kürbisschale sehr gut, aber eine Kürbis-Gesichtsmaske ist es auch! Zudem finde ich, dass Kürbisse, die speziell zum Schnitzen verkauft werden, nicht die leckersten sind. Diese Maske ist daher perfekt für das ausgehöhlte Kürbisfleisch.

1 Gib einfach alles in einen Mixer und zerkleinere es zu einer glatten Masse, die Du in eine Schüssel umfüllst. Trage die Maske mit sauberen Fingern oder einem Pinsel für Gesichtsmasken auf Dein gereinigtes, trockenes Gesicht auf und spare dabei die empfindliche Augenpartie aus.

2 Lehne Dich zurück und entspanne für 10–15 Minuten. Nimm dann die Maske mit warmem Wasser und einem weichen Tuch ab, bevor Du Dein Gesicht trocken tupfst.

3 Wenn Du nicht alles sofort verbrauchst, kannst Du die Maske in einem luftdicht schließenden Behälter im Kühlschrank aufbewahren und innerhalb von drei Tagen verwenden.

DARUM WIRKT'S

Der Kürbis erhält seine berühmte Sonnenuntergangsfarbe von einem Pigment namens Beta-Carotin (das auch Karotten enthalten), welches über die Haut aufgenommen und vom Körper in Vitamin A umgewandelt wird. Dieses Vitamin hilft bei der Bildung von Kollagen, einem wichtigen Bestandteil gesunder Haut. Kürbis ist zudem reich an Antioxidanzien wie Vitamin C, das hilft, trockene Haut geschmeidig zu machen und zu beruhigen.
Wenn es Dir so geht wie mir, wird Deine Haut wahrscheinlich nach einer Nacht mit extrem gruseligem Make-up und/oder Glitzer so eine Maske zu schätzen wissen.

BERUHIGENDE BANANEN-GESICHTSMASKE

ergibt 2 Masken

1 überreife Bio-Banane
1 EL Mandel- oder Hafermehl *(falls Du keine Mandeln verträgst)*
1 TL natives Kokosöl, geschmolzen
1 TL Ahornsirup
2–3 Trp 100 % natürliches ätherisches Kamillenöl

TIPP

Probiere die Bananen-Fußmaske auf Seite 26 aus.

Methode und Anwendung sind für diese Maske identisch mit der verjüngenden Avocado-Gesichtsmaske von Seite 18, aber die hier hat ganz eigene, einzigartige Vorteile für die Haut. Eine tolle Art, eine Banane zu verwerten, die zum Essen einfach zu weich und zu matschig ist. Und wenn Du auch die Bananenschale verwerten möchtest, dann probiere die Fußmaske von Seite 26.

1 Schäle die Banane und püriere sie in einer Rührschüssel zu einer glatten, klumpenfreien Masse. Füge Mehl und Kokosöl hinzu, vermenge alles mit dem Kamillenöl.

2 Rühre, bis eine dicke, cremige Paste entsteht, die leicht auf das Gesicht aufgetragen werden kann.

3 Reinige Dein Gesicht vor Anwendung der Gesichtsmaske, um Make-up, Schmutz und Unreinheiten zu entfernen.

4 Trage mit sauberen Fingern oder einem Pinsel für Gesichtsmasken eine gleichmäßige Maskenschicht auf Deinem Gesicht auf und spare dabei die empfindliche Augenpartie aus. Entspanne Dich und lass die Maske 15–20 Minuten einwirken.

5 Spüle die Maske sanft mit warmem Wasser ab und tupfe Dein Gesicht mit einem weichen Handtuch trocken. Verwende anschließend eine Feuchtigkeitscreme.

6 Wenn Du nicht alles sofort verbrauchst, kannst Du die Maske in einem luftdichten Behälter im Kühlschrank aufbewahren und innerhalb von drei Tagen verbrauchen.

DARUM WIRKT'S

Überreife Bananen sind reich an natürlichen Ölen und Kalium, die trockener, fahler Haut viel Feuchtigkeit geben und sie weich und geschmeidig machen. Bananen enthalten außerdem die Vitamine A und C, die für eine gesunde Haut unentbehrlich sind: Vitamin A kann helfen, Fältchen zu reduzieren, während Vitamin C dazu beitragen kann, den Hautton auszugleichen und strahlender zu machen. Darüber hinaus sind Bananen reich an Vitamin B_6, das jene Hormone regulieren kann, die Akne verursachen, und das Hautentzündungen reduziert.
Und Kamille ist ein echter Hautheld: Sie beruhigt und entspannt gereizte Haut, verringert Rötungen und Überempfindlichkeiten, die oft durch Akne oder Pickel auftreten.

KARTOFFEL-GESICHTSMASSAGE

1 Stück rohe Kartoffel

(das war's!)

DARUM WIRKT'S

Die Kartoffel ist eine großartige feuchtigkeitsspendende Zutat. Sie enthält Hyaluronsäure, die Deine Haut normalerweise selbst produziert. Sie ist voller Vitamine und Nährstoffe, die die Haut nähren, ihr Feuchtigkeit spenden und sie geschmeidig und elastisch machen. Sie beugt auch Akne vor und hilft, die von Akne entzündete Haut zu beruhigen. Studien legen nahe, dass Kartoffeln wirksam dazu beitragen, erste Anzeichen der Hautalterung zu minimieren, da sie Folgendes enthalten: Antioxidanzien sowie die Vitamine A, B und C, die Deine Haut zum Strahlen bringen und sie elastisch und prall halten. Durch das Einmassieren der Kartoffel in die Haut wird auch die Durchblutung gefördert, wodurch Deine Haut leuchtender und erholter aussieht.

Wenn Du eine halbe Kartoffel übrig hast, dann wirf sie nicht weg. Eine Gesichtsmassage mit Kartoffeln mag seltsam klingen, aber glaube mir: Die Kartoffel wirkt fast wie ein Gesichts-Massagestab oder ein Gua-Sha-Stein, bietet aber zusätzliche Vorteile, denn sie beruhigt entzündete oder sonnenverbrannte Haut. Die Gurken-Gesichtsbehandlung von Seite 77, bei der eine Stück gefrorene Salatgurke verwendet wird, hat einen ähnlichem Effekt.

1 Einfacher geht's nicht! Nach der Reinigung Deiner Haut reibst Du mit der Schnittfläche der Kartoffel in kreisenden Bewegungen über die Haut oder folgst der Gesichtsmassage-Routine, die Du mit einem Gua-Sha-Stein anwenden kannst (wenn Du den Suchbegriff eingibst, findest Du Tausende von Anleitungsvideos im Internet).

2 Die Kartoffelfläche, mit der Du über Dein Gesicht reibst, sollte immer feucht sein. Wenn die Schnittfläche also trocken ist, schneide zunächst eine dünne Scheibe davon ab, bevor Du beginnst. Es darf zwischen der Kartoffel und Deiner Haut keine Reibung geben.

3 Fahre so lange fort, wie Du magst, und lass dann den Kartoffelsaft 10–20 Minuten einwirken, bevor Du ihn mit warmem Wasser abwäschst. Tupfe Deine Haut mit einem sauberen Handtuch trocken.

4 Wird nicht alles sofort verbraucht, kannst Du das Kartoffelstück in einem luftdicht schließenden Behälter im Kühlschrank aufbewahren und innerhalb von drei Tagen verwenden.

TIPP

Ich weiß, Gurkenscheiben sind das, was normalerweise während einer Gesichtsbehandlung auf die Augen gelegt wird, aber Kartoffelscheiben funktionieren ebenso gut. Sie wirken ausgezeichnet gegen Schwellungen der Augenpartie und helfen gegen Augenringe.

KOKOSMILCH-HAARKUR FÜR GESUNDEN GLANZ

ergibt 2 Kuren
für mittellanges und mehr für kurzes Haar

ca. 120 ml Kokosmilch *(etwa ½ Tasse oder so viel Du eben hast)*
2 EL natives Kokosöl, geschmolzen *(+ 1 EL, wenn Dein Haar sehr trocken ist)*
4–5 Trp 100 % natürliches ätherisches Rosmarinöl
1 EL Agavendicksaft

sowie je nach Haarzustand:

1 EL Rizinusöl *(für geschädigtes Haar)*
1 EL Arganöl *(bei Schuppen/schuppiger Kopfhaut)*
1 EL Olivenöl *(für sprödes Haar und gegen Spliss)*
1 EL Aloe-Vera-Gel *(bei gereizter Kopfhaut)* **– auf Seite 139 steht, wie man Aloe-Gel aus einem Blatt gewinnt**

Ich verwende Kokosmilch für so Vieles – Currys, Desserts, Smoothies. Kokosmilch in Dosen ist für mich ein fester Bestandteil des Vorratsschranks. Aber eine Dose ist häufig mehr, als ich für manche Rezepte benötige, was bedeutet, dass ich am Ende etwa ein Drittel einer Dose übrig habe. Wenn ich also mit meinen Smoothies durch bin, dann verwende ich den letzten Rest hierfür. Das ätherische Rosmarinöl ist gut fürs Haarwachstum. Wenn Du möchtest, kannst Du stattdessen auch Dein eigenes Kräuter-Haaröl von Seite 62 herstellen.

1. Gib die Kokosmilch, das geschmolzene Kokosöl, Rosmarinöl und Agavendicksaft mit den Extras, die Du hinzufügen möchtest, in eine Schüssel. Verrühre die Mischung so lange, bis alle Zutaten vollständig eingearbeitet sind.

2. Kämme oder bürste Dein Haar, um Verfilzungen zu entfernen. Feuchte es leicht mit Wasser an und unterteile es in Abschnitte.

3. Trage die Haarkur großzügig von den Wurzeln bis zu den Haarspitzen auf und bedecke alle Bereiche damit. Massiere die Kur sanft in Deine Kopfhaut, um die Blutzirkulation zu fördern. Mit einer Spange oder einem Haargummi kannst Du Dein Haar fixieren oder es mit einer Duschhaube, einem Handtuch oder einer Wachspackung einwickeln.

4. Lass die Kur etwa eine Stunde lang drauf, damit sie tief ins Haar eindringen und es nähren kann. Je länger, desto mehr Zeit hat die Kokosmilch, um ihre Magie zu entfalten.

5. Zum Schluss packst Du Deine Haare wieder aus und spülst die Kur mit kühlem oder lauwarmem Wasser aus. Danach benutzt Du ein sanftes und umweltfreundliches Shampoo und eine Spülung, um überschüssiges Fett zu entfernen und sicherzustellen, dass Dein Haar sauber und frisch ist.

6. Wenn Du nicht alles sofort verbrauchst, kannst Du es in einem luftdicht schließenden Behälter im Kühlschrank aufbewahren und innerhalb von drei Tagen verwenden.

BANANENSCHALEN-FUSSMASKE

Einmal, im Urlaub, habe ich mir die Fersen auf sonnenheißen Fliesen verbrannt. Ich massierte sie mit der Innenseite von Bananenschalen ein, bevor ich die Schlafsocken anzog. Am nächsten Morgen waren die schmerzhaften Stellen deutlich gelindert. Wenn die alleinige Verwendung der Schale ein bisschen zuuuuuu viele „Zero-Waste-Vibes" macht, probiere doch mal dieses Rezept für eine Fußmaske aus. Es wirkt nicht nur bei verbrannten Fußsohlen, sondern auch hervorragend bei trockenen, rissigen Fersen.

reicht für 3 Behandlungen

2 Bio-Bananenschalen – *je reifer die Bananen, desto feuchtigkeitsspendender werden sie sein!*
1 EL natives Kokosöl, geschmolzen
1 EL Olivenöl
1 EL Hafermehl *(oder Hafer in einem Mixer zu feinem Pulver zerkleinern)*
1 TL Zitronensaft *(optional, für Extra-Peelingeffekt)*

Fußfeile oder Bimsstein
1 Paar dicke Socken

DARUM WIRKT'S

Bananenschalen sind reich an den Vitaminen A, B, C und E und erstaunlich gut zur Pflege trockener, wunder Hände und rissige Fersen geeignet, weil sie die Heilung und Verjüngung fördern. Die sanften natürlichen Enzyme in der Bananenschale helfen, abgestorbene Haut zu entfernen, um die darunterliegenden glatteren, gesünderen Hautschichten freizulegen. Noch besser: Bananenschalen besitzen anti-entzündliche Eigenschaften, die gegen Rötung, Schwellung und rissige Fersen helfen können.

1. Püriere die Bananenschalen in einem Mixer, bis sie eine glatte, cremige Konsistenz haben.

2. Gib sie mit Kokos- und Olivenöl, Hafermehl und Zitronensaft (sofern verwendet) in eine Schüssel. Verrühre alles gut, bis eine glatte, dicke Paste entsteht.

3. Bereite als Nächstes Deine Füße vor und reinige sie: Wasch sie gründlich mit warmem Wasser und milder Seife. Tupfe sie mit einem Handtuch trocken und entferne abgestorbene Haut und Schwielen sanft mit einer Fußfeile oder einem Bimsstein.

4. Trage eine großzügige Menge der Bananenschalen-Fußmaske auf den Fersen und der angrenzenden Haut auf. Massiere die Maske mit kreisenden Bewegungen für eine ideale Aufnahme ein. Ziehe dann ein Paar dicke Socken darüber, um die Feuchtigkeit einzuschließen, damit die Zutaten ihre Wirkung entfalten können. Lass sie mindestens 30 Minuten, vorzugsweise aber über Nacht einwirken, damit die Nährstoffe und feuchtigkeitsspendenden Bestandteile tief in die Haut eindringen können.

5. Wenn Du fertig bist, ziehe die Socken aus und wasch die Fußmaske mit warmem Wasser ab. Tupfe Deine Füße sanft trocken und trage eine Fuß- oder Feuchtigkeitscreme ohne synthetische Inhaltsstoffe auf.

6. Wiederhole für beste Ergebnisse die Behandlung mit der Fußmaske zwei bis drei Mal pro Woche, bis Du eine anhaltende Verbesserung bemerkst

7. Wenn nicht alles sofort verbraucht wird, kannst Du es in einem luftdichten Behälter in den Kühlschrank stellen und innerhalb von drei Tagen verwenden.

PFLEGENDES UND NÄHRENDES

Für diese Rezepte musst Du den Alchemisten in Dir aktivieren und nährende, beruhigende Hautpflegeprodukte auf Ölbasis herstellen; die bereiten sowohl beim Machen als auch beim Anwenden Freude. Hautpflege auf Ölbasis hält wesentlich länger, so dass Du eher über Monate statt nur über Tage oder Wochen davon hast. Wenn Du auf der Suche nach einem schönen Geschenk bist, das die oder der Beschenkte nicht schnell verbrauchen muss, dann halte Dich direkt an die feste Haut- oder Haarpflege. Alle Kreationen dieses Kapitels sollten an einem kühlen, trockenen Ort gelagert und innerhalb von drei Monaten verbraucht werden (es sei denn, im Rezept ist etwas anderes angegeben).

LIPPENPFLEGE MIT VERWELKTER MINZE

mit selbst gemachtem Minz-Öl

für 1 Töpfchen

1 EL Candelillawachs oder ein anderes Wachs nach Wahl *(Carnauba, Reiskleie, Beere)*
2 EL natives Kokosöl
1 EL Sheabutter
1 TL Mandelöl oder anderes Trägeröl nach Wahl *(Vorschläge auf Seite 102)*
4 Trp selbst gemachtes Minz-Öl *(siehe Seite 132)*

1 Metallschüssel und 1 Kochtopf für ein Wasserbad oder 1 doppelwandiger Topf
Lippenpflegebehälter oder kleine Mehrwegdosen

TIPP

Wenn Du kein Fan von Minze bist und es lieber fruchtiger magst, kannst Du auch das Orangen- oder Zitronenöl von den Seiten 134–135 verwenden.

Die meisten Lip-Balms großer Marken scheinen meine Lippen trockener zu machen oder ich habe das Gefühl, dass ich das Lippenbalsam ständig neu auftragen muss. Ich möchte aber eines, das echte, lang anhaltende Pflege bietet. Bienenwachs ist unbestreitbar eine leistungsstarke Grundlage für jede Lippenpflege, aber es gibt mehrere gute Alternativen auf pflanzlicher Basis wie Carnauba-, Candelilla-, Reiskleie- (Reisöl-) oder Beerenwachs. Jedes dieser Wachse kann für Lippen-, Körper- oder Narbenpflege-Balsame verwendet werden. Hierfür aromatisieren wir Öl mit übrig gebliebenen, verwelkten Minzblättern, das wir dann für diese köstliche und feuchtigkeitsspendende Lippenpflege nutzen.

1 Stelle zunächst wie auf Seite 132 beschrieben Dein Minz-Öl aus verwelkten Minzblättern her.

2 Fülle den Topf etwa 5 cm hoch mit Wasser und bringe es bei mittlerer Hitze zum Köcheln. Stelle nun die hitzebeständige Schüssel so auf den Kochtopf, dass sie fest darauf sitzt, ohne das Wasser zu berühren (dazu muss ihr Durchmesser etwas größer als der vom Topf sein).

3 Gib das Wachs, Kokosöl, Sheabutter und Mandelöl in die Schüssel und rühre gelegentlich um, bis alle Zutaten vollständig geschmolzen und gut verbunden sind. Das dauert fünf bis sieben Minuten.

4 Rühre zum Schluss das Minz-Öl hinein.

5 Gieße nun den flüssigen Lippenbalsam vorsichtig in die bereitstehenden Behälter und lass ihn zum Festwerden abkühlen – dies ist in der Regel nach ein bis zwei Stunden der Fall. Bewahre den Balsam an einem kühlen, trockenen Ort auf und verwende ihn innerhalb von drei Monaten.

6 Je nach Bedarf auf die trockenen Lippen auftragen!

APRIKOSEN-HANDCREME

mit selbst gemachtem Aprikosenkern-Öl

für 1 Dose (ca. 100 ml)

15 Trp Aprikosenkern-Öl *(siehe Seite 136)*
4 EL Sheabutter
2 EL natives Kokosöl
1 EL Candelillawachs oder ein anderes Wachs nach Wahl *(Carnauba, Reiskleie, Beere)*
1 EL pflanzliches Glyzerin
5–6 Trp 100 % natürliches ätherisches Salbei-Öl *(nicht für Schwangere)* **oder ein anderes nach Wahl**

1 Metallschüssel und 1 Kochtopf für ein Wasserbad oder 1 doppelwandiger Topf
1 Spatel
1 kleines Glasgefäß oder Dose

DARUM WIRKT'S

Das Aprikosenkern-Öl enthält natürliche Linolsäure (Omega-6), welche die Barrierefunktion der Haut stärkt, und Ölsäure (Omega-9), welche die Haut weich und samtig macht.

Die Haut an unseren Händen ist sehr stark beansprucht und in unserer Post-Covid-Welt wird Händewaschen viel ernster genommen. Die Hände werden oft trocken, schuppig und rau, besonders in den kälteren Monaten des Jahres. Es gibt ein Insider-Geheimnis, dass man das Beste aus einem Produkt herausholt, wenn man es regelmäßig und konsequent anwendet; das gilt besonders für Handcremes. Für diese Handcreme stellen wir zuerst ein Aprikosenkern-Öl her, das wir hierfür verwenden werden.

1 Stelle zunächst wie auf Seite 136 beschrieben ein Aprikosenkern-Öl her.

2 Füll den Topf etwa 5 cm hoch mit Wasser und bringe es bei mittlerer Hitze zum Köcheln. Stelle nun die hitzebeständige Schüssel so auf den Kochtopf, dass sie fest darauf sitzt, ohne das Wasser zu berühren (siehe auch Seite 30).

3 Gib die Sheabutter, Kokosöl und Wachs in die Schüssel und rühre gelegentlich um, bis alles geschmolzen und vermengt ist. Nimm die Schüssel vom Wasserbad und stelle sie zum Abkühlen auf die Seite.

4 Gib nun das Aprikosenkern-Öl mit dem Glyzerin in die geschmolzene Masse und rühre gut um, damit sich die Zutaten gut verbinden. Füge zum Schluss das ätherische Öl hinzu und rühre es unter, bis es gleichmäßig verteilt ist.

5 Kühle die Mischung auf Zimmertemperatur ab, sie darf aber nicht ganz fest werden. Fülle mit Hilfe eines Spatels die halbfeste Handcreme in ein sauberes Glasgefäß oder eine Dose. Lass nun die Handcreme bei Raumtemperatur einige Stunden lang vollständig fest werden, am besten über Nacht.

6 Deine selbst gemachte Aprikosen-Handcreme ist nun einsatzbereit! Trage immer, wenn Deine Hände eine extra Portion Pflege benötigen, eine kleine Menge davon auf. Deine Hände werden sich weich, glatt und verwöhnt anfühlen.

7 Lagere die Creme kühl und trocken und brauche sie innerhalb von drei Monaten auf.

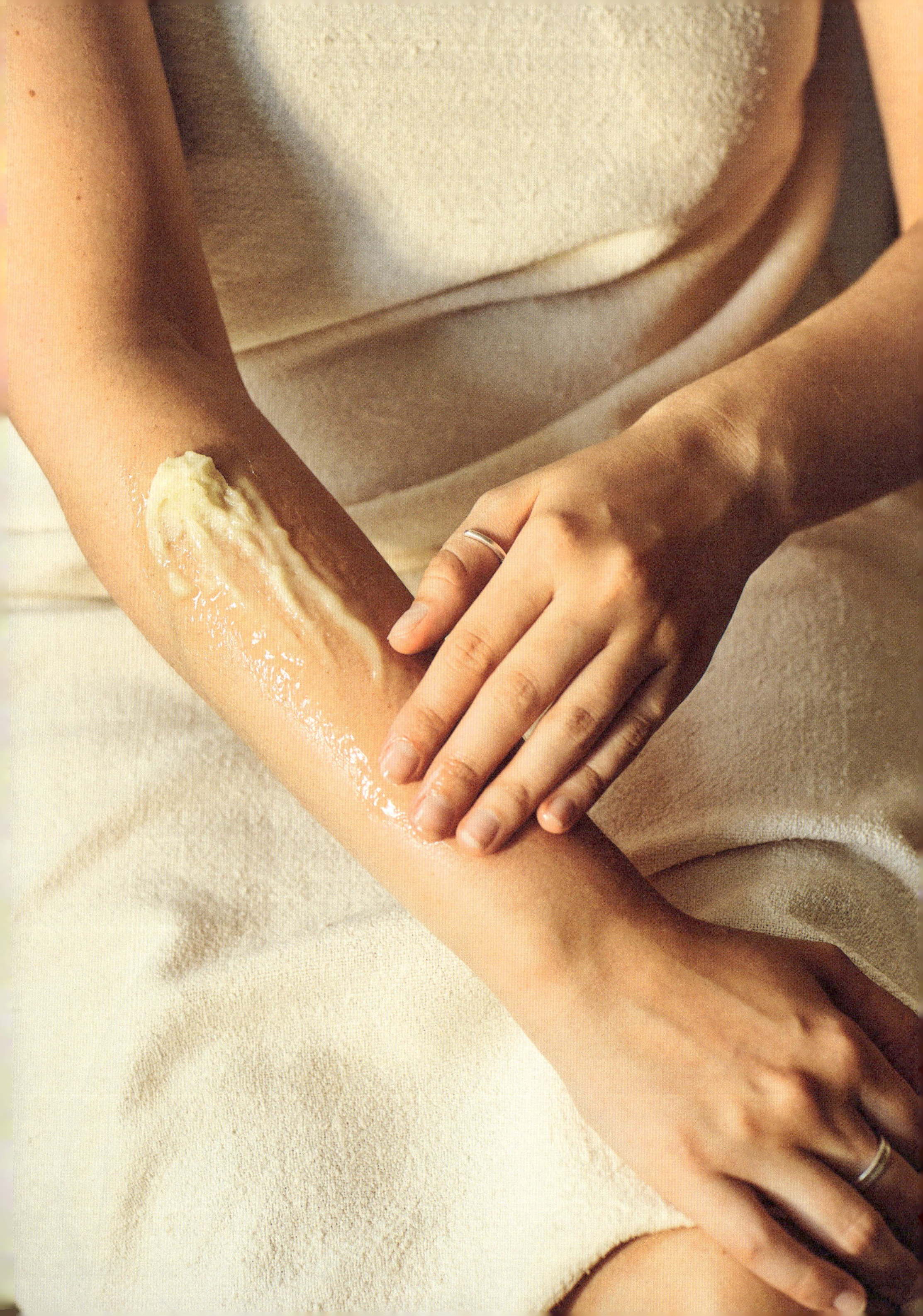

KÖRPERBUTTER
mit Avocadokern-Pulver

für 1 Dose (ca. 100 ml)

- 2–3 Avocadokerne
- 2 EL Sheabutter
- 1 EL Kakaobutter
- 2 EL Mandelöl oder ein anderes pflanzliches Trägeröl nach Wahl
- 3 Trp Zitronen-Öl *(siehe Seite 126)*
- 3 Trp 100 % natürliches ätherisches Rosmarin-Öl

- 1 Mixer und/oder Mörser mit Stößel
- 1 Metallschüssel und 1 Kochtopf für ein Wasserbad oder 1 doppelwandiger Topf
- 1 Glasgefäß mit Deckel – etwa so groß wie ein kleines Marmeladenglas

DARUM WIRKT'S

Avocadokerne sind reich an Fettsäuren und damit eine ideale Grundlage für eine tiefgehende feuchtigkeitsspendende Hautbutter.
Bitte beachten: Ätherisches Rosmarin-Öl hat eine stark wachmachende Wirkung. Schwangere müssen auf die Anwendung verzichten.

Das Aufschneiden einer Avocado ist immer mit Spannung verbunden. Wird sie noch unreif sein, wird sie überreif sein, wird der Stein groß sein, wird er kaum Platz für das Fruchtfleisch lassen? Das ist ein Glücksspiel! Wenn man bedenkt, dass Avocadokerne meist einen relativ großen Teil der Frucht ausmachen, wird es Dich freuen zu hören, dass sie genutzt werden können und viele Vorteile für die Haut besitzen.

1 Wasche und trockne die Avocadokerne nach dem Verzehr der Früchte gründlich ab. Idealerweise sollten sie drei bis vier Tage lang vollständig trocknen.

2 Zerkleinere danach die Steine mit einem Nussknacker oder lege sie zwischen zwei Schneidebretter und drücke sie mit aller Kraft zusammen. Gib die zerkleinerten Kerne dann in einen Mixer und püriere sie, bis ein glattes Pulver entsteht. Wenn Dein Mixer nicht in der Lage ist, das Pulver fein genug zu machen, kannst Du es im Mörser mit einem Stößel von Hand weiter zerkleinern. Für die Körperbutter benötigst Du 1 EL dieses Avocadokern-Pulvers.

3 Fülle den Topf etwa 5 cm hoch mit Wasser und bringe es bei mittlerer Hitze zum Köcheln. Stelle nun die hitzebeständige Schüssel so auf den Kochtopf, dass sie fest darauf sitzt, ohne das Wasser zu berühren (siehe auch Seite 30).

4 Gib die Shea- und Kakaobutter in die Schüssel und rühre gelegentlich um, bis sie geschmolzen und vermengt sind.

5 Füge alle drei Öle hinzu und rühre gut um, dann kommt das Pulver dazu. Vermische alles gründlich. Gieße die Mischung in das bereitgestellte Glas und lass die Masse darin bei Raumtemperatur fest werden. Bei geschlossenem Deckel ist die Körperbutter etwa zwei Monate haltbar.

6 Trage die Körperbutter am besten morgens auf die saubere, trockene Haut auf und genieße die reichhaltige nährende Wirkung ihrer hautfreundlichen Inhaltsstoffe!

KÖRPERBUTTER-RIEGEL

mit welken Kräutern

für 2–3 Riegel –
je nach Größe der Form

- 4 EL Kakaobutter
- 4 EL Sheabutter
- 4 EL natives Kokosöl
- 4 EL Mandelöl oder ein anderes Trägeröl nach Wahl *(Vorschläge auf Seite 102)*
- 1 EL Candelilla- oder Sojawachs
- bis zu 10 Trp Deines ätherischen Lieblings-Öls, das 100 % natürlich sein sollte *(ich verwende hier gerne eine Mischung aus Vanille und Ylang-Ylang)*
- 4 EL braun gewordene oder verwelkte Kräuter

- 1 Metallschüssel und 1 Kochtopf für ein Wasserbad oder 1 doppelwandiger Topf
- Silikonformen oder 1 Eiswürfelbehälter
- 1 Glasgefäß oder 1 Dose

Durch die einfache Zugabe von Wachs wird aus einer Butter ein Riegel. Lotion-Bars sind extrem feuchtigkeitsspendend, angenehm in der Anwendung und ideal für die Reise. Sie werden immer beliebter und sind eine großartige plastikfreie Alternative zu abgefüllten Lotionen und Cremes.

1 Fülle den Topf etwa 5 cm hoch mit Wasser und bringe es bei mittlerer Hitze zum Köcheln. Stelle nun die hitzebeständige Schüssel so auf den Kochtopf, dass sie fest darauf sitzt, ohne das Wasser zu berühren (siehe auch Seite 30). Gib die Kakao- und Sheabutter mit dem Kokosöl in die Schüssel und lass sie langsam unter gelegentlichem Rühren schmelzen, bis sie gut vermengt sind. Dies dauert meist fünf bis sieben Minuten.

2 Nimm die Schüssel vom Topf und füge das Mandelöl (oder ein anderes Trägeröl), Candelilla- oder Sojawachs hinzu. Rühre die noch flüssige Mischung vorsichtig um, bis das Wachs vollständig geschmolzen ist und alle Zutaten gut vermischt sind.

3 Gib nun das ätherische Öle Deiner Wahl hinzu. Rühre zum Schluss die Kräuter gleichmäßig unter, bis alle verteilt sind.

4 Gieße die flüssige Körperbutter vorsichtig in Silikonformen oder Eiswürfelbehälter. Lass sie bei Raumtemperatur abkühlen, bis die Körperbutter-Riegel fest geworden sind. Das dauert in der Regel ein paar Stunden, lässt sich aber im Kühlschrank beschleunigen.

5 Sobald die Körperbutter vollständig fest ist, nimm sie behutsam aus den Formen und lege sie auf eine saubere, trockene Unterlage. Sie lassen sich in einem Glasgefäß oder einer Dose an einem kühlen, trockenen Ort aufbewahren und sollten innerhalb von drei Monaten verwendet werden.

6 Gleite zum Auftragen einfach mit einem Körperbutter-Riegel über die Haut. Die natürliche Wärme Deiner Haut schmilzt die Körperbutter, so dass sie mit Feuchtigkeit verwöhnt und weich wird.

BERUHIGENDE AFTER-SUN-PFLEGE
aus Wassermelonenschalen

reicht für 3–4 Anwendungen,
abhängig von der Größe des betroffenen Gebiets

1 frische Bio-Wassermelone, nur die Schale, in Stücke zerteilt
1 EL Aloe-Vera-Gel *(auf Seite 139 steht, wie man Aloe-Gel aus einem Blatt gewinnt)*
1 TL natives Kokosöl, geschmolzen
100 % natürliches ätherisches Lavendel-Öl

Mixer oder Küchenmaschine
1 feinmaschiges Sieb
1 Glasgefäß oder Behälter mit Deckel *(wie ein Einmach-Glas)*

Wassermelone ist konkurrenzlos meine Lieblings-Sommerfrucht. Sie ist durstlöschend und erfrischend und hat auf der Haut genau dieselbe Wirkung. Die Schale von Wassermelonen, ähnlich wie die Schalen anderer Früchte oder deren Mark, ist reich an Vitaminen und Antioxidanzien, die entzündungshemmende Eigenschaften haben. Diese können Haut, die stark der Sonne ausgesetzt war, beruhigen und nähren. Wir haben auch etwas Aloe-Vera-Gel hinzugefügt, das kühlt und ebenfalls beruhigt, sowie etwas Kokosöl für zusätzliche Feuchtigkeit. Am besten ist es natürlich, die Haut ausreichend vor Sonne zu schützen und Verbrennungen unter allen Umständen zu vermeiden. Das hier ist nur für den Fall, falls Du etwas zu viel von ihr abbekommen hast…

1. Gib die Stücke der Wassermelonenschale in einen Mixer oder in eine Küchenmaschine und püriere sie. Die Masse sollte eine glatte, gelartige Konsistenz haben.

2. Streiche das Püree durch ein feinmaschiges Sieb in eine saubere Schüssel. Helfe mit dem Löffelrücken nach, um so viel Saft wie möglich zu gewinnen.

3. Füge das Aloe-Vera-Gel und Kokosöl hinzu und rühre gut um. Achte darauf, dass alles gut vermischt ist. Rühre einige Tropfen des Lavendel-Öls ein.

4. Fülle die Mischung in ein sauberes Deckelgefäß. Die After-Sun-Pflege hält sich im Kühlschrank bis zu fünf Tage.

5. Trage die Mischung sanft und großzügig auf die betroffenen Hautstellen auf. Lass das Gel einziehen und beruhige Deine Haut damit ganz natürlich.

FESTES INGWER-SHAMPOO

für 2–3 Riegel,
je nach Größe der Form

2 EL Carnaubawachs
10 Trp Arganöl
10 Trp Ingwer-Öl *(siehe Seite 133)*
3 EL flüssige Olivenöl-Seife *(Alepposeife)*
1 EL natürlicher Apfelessig

1 Metallschüssel und 1 Kochtopf für ein Wasserbad oder 1 doppelwandiger Topf
Seifen-Formen oder andere nach Wahl

TIPP

Achte darauf, dass Dein festes Shampoostück gut abtropfen und trocknen kann. So wirst Du mehr davon haben.

DARUM WIRKT'S

Ingwer-Öl fördert die Durchblutung der Kopfhaut, was dazu beitragen kann, Trockenheit und Schuppenbildung zu verhindern. Ähnlich wie Rosmarin-Öl regt es das Haarwachstum an und stärkt das Haar. Darüber hinaus hilft Apfelessig, den pH-Wert der Kopfhaut auszugleichen und den Haarglanz zu erhöhen.

Die durchschnittliche Entwicklungszeit eines unserer Produkte beträgt etwa ein Jahr, aber wir brauchten vier, um ein Shampoo zu entwickeln, mit dem wir völlig einverstanden und glücklich waren. Unser Herstellungsprozess ist aufgrund seiner hybriden Konsistenz (fest/flüssig) zu komplex, um ihn daheim nachzumachen. Stattdessen teile ich mit Euch hier ein einfaches Rezept, das für möglichst viele Haartypen geeignet ist. Beim Wechsel von dem einen zu einem anderen Shampoo, vor allem, wenn Du zuvor ein herkömmliches Flüssigshampoo verwendet hast, wird Dein Haar Zeit brauchen, um sich anzupassen. Es kann bis zu mehrere Wochen dauern, die letzten Produktreste aus Deinem Haar zu entfernen, die sich im Lauf der Zeit angesammelt haben. Experimentiere für Deine speziellen Haarbedürfnisse mit anderen Ölen oder Wachsen und passe das Rezept entsprechend an.

1 Stelle zunächst das selbst gemachte Ingwer-Öl von Seite 133 her.

2 Fülle den Topf etwa 5 cm hoch mit Wasser und bringe es bei mittlerer Hitze zum Köcheln. Stelle nun die hitzebeständige Schüssel so auf den Kochtopf, dass sie fest darauf sitzt, ohne das Wasser zu berühren (siehe auch Seite 30). Lass das Carnaubawachs unter gelegentlichem Rühren in der Schüssel schmelzen.

3 Stell die Schüssel auf die Seite, um sie etwas abkühlen zu lassen, rühre dann alle restlichen Zutaten hinein.

4 Gieße die Mischung in die Form. Lass sie mindestens vier Stunden, besser über Nacht im Kühlschrank stehen. Das Shampoo hält fünf bis sechs Monate, kann aber bei regelmäßiger Haarwäsche schneller verbraucht sein.

5 Mach zum Haarewaschen Deine Haare zunächst vollständig nass. Manche tragen das Trockenshampoo direkt auf Haar und Kopfhaut auf, ich bevorzuge es aber, den Schaum vorher zwischen meinen nassen Händen zu erzeugen. Arbeite das Shampoo ins Haar ein und konzentriere Dich dabei auf Kopfhaut und Haarwurzeln. Spüle Dein Haar gründlich mit warmem Wasser aus, bis alle Shampooreste verschwunden sind.

PEELINGS

Als wir *UpCircle* ins Leben gerufen haben, waren Peelings unser erstes Produkt und sie sind bis heute unsere Kernkompetenz. Daher werde ich immer eine große Befürworterin sanfter Peelings mit großem Effekt sein, ob fürs Gesicht oder für den Körper.

Es kamen damals viele Dinge zusammen, die meinen Bruder und mich alles riskieren ließen, um unser Unternehmen zu gründen. Eines davon war der Mikroplastik-Skandal. Was für eine entsetzliche Erkenntnis, dass die große Mehrheit aller Gesichtspeelings, Waschmittel und Zahnpasten Tausende dieser winzigen Plastikkügelchen beinhalten, die – einmal durch den Abguss unserer Waschbecken und Duschen geflossen – niemals wieder aus unserer Wasserversorgung herausgefiltert werden könnten.

Was könnte ein Ersatz für diesen kleinen schrecklichen Dinger sein? Dabei gibt es so viele Möglichkeiten! Das Beste an all den verfügbaren natürlichen, biologisch abbaubaren Alternativen ist, dass die meisten noch zusätzliche Vorteile für die Haut bieten. Und natürlich sind viele davon in Deinen Küchenschränken zu finden.

Wenn Du Reste von einem der Peelings übrighast, bewahre sie in einem luftdicht schließenden Behälter auf und verbrauche sie innerhalb von drei Tagen (viel besser aber sofort!).

KAFFEE-KÖRPERPEELING

für 1 großes Glas (ca. 150 g)

ca. 100 g frischer Kaffeesatz
10 g feines Meersalz
20 g Zucker *(ich verwende am liebsten braunen Rohrohrzucker oder Rapadura)*
2 EL natives Kokosöl
2 EL Mandelöl *(Oliven- oder Avocado-Öl funktioniert auch)*
3–5 Trp 100 % natürliches ätherisches Öl nach Wahl *(siehe Tipp)*

1 Glasgefäß mit Deckel

TIPP

Unseren legendären Body-Scrub stellen wir mit ätherischem Zitronengras- und Limetten-Öl her. Eine weitere, sehr schöne Kombination ist Pfefferminz- und Eukalyptus-Öl – nur wenige Tropfen von jedem verwenden.

Ich habe in Cafés und auf Konferenzen einige Veranstaltungen zum Thema „Peelings selber machen" gemacht, in Büros, auf Märkten, in Uni-Hallen – such es Dir aus! Sie bringen eine Menge Spaß und die Herstellung ist unglaublich einfach, so dass es wirklich leicht ist, dies regelmäßig zu Hause umzusetzen. Es wird Euch nicht überraschen, dass ich mich für Kaffee als wichtigste Zutat entschieden habe. Mit Kaffeesatz hat unsere Firma UpCircle angefangen und wir sammeln täglich über 100 kg dieses herrlichen Bestandteils in Cafés und Restaurants ein, um Zehntausende von Body-Scrubs pro Jahr herzustellen. Dieses Rezept ist fast genau dasselbe wie für unser berühmtes Körper-Peeling, für das wir am bekanntesten sind. Vor allem würde ich raten, nicht zu viel auf einmal zu kochen. Bereite Dir einen frischen Kaffee, entweder mit einer Cafetière oder Kaffeemaschine, und verwende nur das, was von diesem einen Tag übrig bleibt. Das ist genau der Ansatz, den wir bei unseren groß angelegten Kaffeesatz-Sammlungen verfolgen. Sie finden jeden Tag statt und wir sammeln nur das, was bei der Tagesproduktion angefallen ist – es wird nichts aufgehoben oder im Laufe der Zeit gesammelt. Fangen wir also an!

1 Alle Zutaten in einer mittelgroßen Schüssel verrühren, um sie zu verbinden. Wenn Du mehr hast, als Du für eine Anwendung benötigst, fülle alles in ein Deckelglas um und bewahre es bis zu drei Tage im Kühlschrank auf.

2 Trage das Peeling in der Badewanne oder unter der Dusche auf die feuchte Haut auf. Massiere es in kreisenden Bewegungen in die Haut ein. Lass es für eine optimale Wirkung drei bis fünf Minuten auf der Haut, bevor Du es wieder abwäschst.

KAFFEE-GESICHTSPEELING

für 1 Glas (ca. 100 g)

ca. 100 g frischer Kaffeesatz
10 g feines Meersalz *(wahlweise)*
2 EL natives Kokosöl
2 EL Mandel- oder Hagebuttenkernöl *(Oliven- oder Avocadoöl funktioniert auch)*
2–3 Trp 100 % natürliches ätherisches Öl nach Wahl *(Vorschläge s.u.)*

bei empfindlicher Haut

Rose
Kamille
Patchouli
Lavendel
Jasmin
Ylang-Ylang

bei trockener/ ausgetrockneter Haut

Zitronenverbene
Süßorange
Bergamotte
Aprikose
Grapefruit

bei fettiger, verstopfter oder zu Rötungen neigender Haut

Teebaum
Petit Grain
Rosmarin
Thymian
Pfefferminz

Die Herstellung ist fast identisch mit der für das Körperpeeling auf Seite 44. Die Gesichtshaut ist empfindlicher, daher ist es wichtig, dass ein Peeling dort keine Mikrorisse oder Hautreizungen verursacht. Zudem ist zu beachten, dass die Textur superweich ist und die ätherischen Öle je nach Hauttyp sorgfältig ausgewählt werden. Die Haut muss beim Auftragen immer feucht sein. Massiere das Peeling sanfter ein, als Du es bei Deinen Oberschenkeln tun würdest!

1 Konzentrieren wir uns zunächst auf die Textur: Fürs Gesicht lassen wir den Zucker aus dem Körperpeeling weg. Wenn Du trotzdem Salz verwendest (es fantastisch zur Bekämpfung von Hautirritationen), sollte es sehr fein sein. Du kannst auch nur Kaffeesatz fürs Gesichtspeeling nehmen – es ist viel sanfter als Zucker oder Salz und für alle Hauttypen geeignet.

2 Nun zu den ätherischen Ölen: Es ist wichtig, Öle zu wählen, die zu Deinem Hauttyp passen (s. Zutatenliste). Gehe immer sparsam mit ätherischen Ölen um – ein paar wenige Tropfen sind ausreichend. Bitte beachte, dass ätherische Öle eine sehr starke Wirkung haben und dass z. B. in der Schwangerschaft keinesfalls alle eingesetzt werden dürfen. Informiere Dich, wenn Du Dir unsicher bist! Als Trägeröl ist meiner Erfahrung nach Hagebuttenkernöl (Wildrosenöl) die beste Wahl, ganz unabhängig vom Hauttyp.

3 Und zu guter Letzt: Stelle immer sicher, dass Deine Haut feucht ist, bevor Du das Gesichts-Peeling aufträgst. Das Auftragen auf das trockene Gesicht erhöht das Risiko von Hautreizungen.

4 Wenn etwas übrig bleibt, bewahre es in einem luftdicht schließenden Behälter im Kühlschrank maximal drei Tage auf.

DARUM WIRKT'S

Probier's einfach einmal aus, damit Du verstehst, wie diese Naturdüfte wirken, sie sind einfach herrlich! Das Peeling spendet Feuchtigkeit und hinterlässt ein unglaublich weiches, geschmeidiges Hautgefühl. Der feine Kaffeesatz rubbelt trockene und abgestorbene Hautschüppchen ab, während das im Kaffee enthaltene Koffein die Durchblutung anregt, so dass es äußerlich gegen Hautkrankheiten wie Akne, Ekzeme und Cellulite hilft. Es spricht genau die Bereiche an, die erneuert und regeneriert werden müssen. Kaffee hat denselben pH-Wert wie Deine Haut, deshalb fühlt sie sich danach nicht trocken an. Außerdem verleihen die Öle Deiner Haut ein strahlendes, gesundes Aussehen.

SÜSSES HAFER- UND LIMETTEN-KÖRPERPEELING

reicht für 3 Anwendungen

8 EL Haferflocken
1–2 Bio-Limetten, Schalenabrieb
2 EL brauner Zucker
2 EL natives Kokosöl

1 Metallschüssel und 1 Kochtopf für ein Wasserbad oder 1 doppelwandiger Topf
1 Glasgefäß mit Deckel

Dieses Peeling nährt und erfrischt die obersten Hautschichten. Ich liebe es, weil es nur vier Zutaten enthält, die man vermutlich alle im Küchenschrank hat. Hafer ist ein echter Superheld, was seine Inhaltsstoffe betrifft, darunter Avenatheramide, die entzündete und gereizte Haut beruhigen. Wenn Du kein Kaffeefan bist, ist Hafer eine gute Alternative für Dein Peeling.

1 Zermahle die Haferflocken in einer Küchenmaschine oder einem Mixer ganz fein. Gib dann die Limettenschale dazu und mixe weiter. Fülle es eine Schüssel um und rühre den Zucker hinein.

2 Fülle den Topf etwa 5 cm hoch mit Wasser und bringe es bei mittlerer Hitze zum Köcheln. Stelle nun die Metallschüssel so auf den Kochtopf, dass sie fest darauf sitzt, ohne das Wasser zu berühren (siehe auch Seite 30). Lass das Kokosöl darin unter gelegentlichem Rühren schmelzen.

3 Gib das flüssige Kokosöl zu den anderen Zutaten und rühre gründlich um. Sollte die Konsistenz zu trocken sein, füge noch einen weiteren Esslöffel flüssiges Kokosöl hinzu. Fülle alles in ein Glas mit Deckel um, in dem Du es im Kühlschrank bis zu sieben Tage aufbewahren kannst.

4 Gib das Peeling in der Badewanne oder beim Duschen auf die feuchte Haut. Massiere es in kreisenden Bewegungen in die Haut ein. Lass es für die volle Wirkung drei bis fünf Minuten auf der Haut, bevor Du es abwäschst.

TIPP

Kaffeesatz verursacht kein Problem im Abfluss. Aber wenn Du Dir Gedanken machst, wie das Haferpeeling abfließt, lege ein Abfluss-Sieb über den Abfluss, um gröbere Stücke aufzufangen (ich verwende hier ein kleines Stück eines alten Maschensiebs).

DARUM WIRKT'S

Hafer ist reich an Antioxidanzien und entzündungshemmenden Verbindungen, die dafür bekannt sind, trockener Haut Feuchtigkeit zu geben und Juckreiz, Hautausschläge und andere kleinere Hautreizungen zu lindern. Limettenschalen enthalten Fruchtsäure, die natürliche Peeling-Eigenschaften hat. Sie ist zudem eine ausgezeichnete Quelle für Vitamin C, ein starkes Antioxidans, das freie Radikale neutralisiert und die Haut vor oxidativem Stress schützt. Vitamin C ist auch entscheidend für die Kollagensynthese; Kollagen ist für die Elastizität und Festigkeit der Haut unerlässlich. Und die Limettenschale lässt dieses Peeling göttlich duften!

HAFER- UND KAROTTEN-GESICHTSPEELING

reicht für 3 Anwendungen

2 EL Haferflocken
1 ungeschälte Bio-Karotte, gerieben
2 TL natives Kokosöl
1 TL Mandelöl

1 Metallschüssel und 1 Kochtopf für ein Wasserbad oder 1 doppelwandiger Topf
1 Glasgefäß mit Deckel

Dieses Peeling besteht hauptsächlich aus Karotten mit einem Zusatz von gemahlenem Hafer – und nicht andersrum. Genau wie beim Kaffee-Gesichtspeeling muss der Hafer hier sehr fein gemahlen sein, damit er im Gesicht verwendet werden kann. Lass den Mixer dafür lang genug laufen, bis aus den Flocken ein feines Pulver geworden ist.

1 Zermahle die Haferflocken im Mixer sehr fein. Gib das Hafermehl mit der geriebenen Karotte in eine Schüssel und vermenge beides gut.

2 Fülle den Topf etwa 5 cm hoch mit Wasser und bringe es bei mittlerer Hitze zum Köcheln. Stelle nun die Metallschüssel so auf den Kochtopf, dass sie fest darauf sitzt, ohne das Wasser zu berühren (siehe auch Seite 30). Lass das Kokosöl darin unter gelegentlichem Rühren schmelzen.

3 Gieße das flüssige Kokos- und das Mandelöl zur Karotten-Hafer-Masse und vermische alles, damit es sich gut verbindet. Fülle die Masse in ein Glas mit Deckel um, in dem Du es im Kühlschrank bis zu sieben Tage aufbewahren kannst.

4 Befeuchte zuerst Gesicht und Hals, bevor Du das Peeling aufträgst. Massiere es mit den Fingerspitzen sanft ein und lass es vier bis sechs Minuten einwirken. Spüle alles mit warmem Wasser mithilfe eines Waschlappens ab.

DARUM WIRKT'S

Karotten sind bekannt für ihren hohen Gehalt an Beta-Carotin, einem starken Antioxidans, das die Haut vor Schäden durch freie Radikale schützt, die durch Umweltstressfaktoren wie UV-Strahlen und Luftverschmutzung entstehen. Es trägt auch zur Erneuerung und Reparatur der Hautzellen bei und fördert einen gesunden Teint.

SÜSSES GRAPEFRUIT-LIPPENPEELING

reicht für 4 Anwendungen

1 TL natives Kokosöl
ca. 3 TL fein geriebene Schale einer Bio-Grapefruit
½ TL feiner Rohrohrzucker

1 Metallschüssel und 1 Kochtopf für ein Wasserbad oder 1 doppelwandiger Topf
1 kleines Glasgefäß mit Deckel

> siehe Bild auf der folgenden Doppelseite

Grapefruit ist eine meiner Lieblingsfrüchte. Als Kind habe ich sie gehasst, aber als Erwachsene eine komplette Kehrtwende vollzogen. Selbstgepresster Grapefruit-Saft ist meiner Meinung nach unschlagbar, aber natürlich verursacht er große Mengen an Schalen. Die gute Nachricht ist: Sie enthalten richtig viel Gutes! Wenn Du kein Fan von Grapefruits bist, dann kannst Du sie hier durch Orangenschalen (oder jede andere Zitrusschale) ersetzen.

1 Fülle den Topf etwa 5 cm hoch mit Wasser und bringe es bei mittlerer Hitze zum Köcheln. Stelle nun die Metallschüssel so auf den Kochtopf, dass sie fest darauf sitzt, ohne das Wasser zu berühren (siehe auch Seite 30). Lass das Kokosöl darin unter gelegentlichem Rühren schmelzen.

2 Nimm die Schale vom Topf und rühre den Schalenabrieb hinein. Lass die Masse abkühlen, bis sie lauwarm ist.

3 Füge dann den Zucker hinzu; wenn die Mischung noch zu heiß ist, löst er sich auf, er soll aber körnig bleiben. Fülle alles in ein kleines Deckelglas und bewahre es bis zu fünf Tage im Kühlschrank auf.

4 Reibe das Peeling sanft in Deine Lippen ein. Sie werden sich weicher und geschmeidiger anfühlen und der Geschmack des Peelings wird etwas anhalten – lecker!

DARUM WIRKT'S

Wie Zitronen und alle anderen Zitrusfrüchte enthält Grapefruit natürliche Säuren, die helfen, abgestorbene Hautzellen zu entfernen. Das in der Schale enthaltene Vitamin C hilft, die Flüssigkeit in den Zellen zu speichern und ist ein richtiger Feuchtigkeits-Booster, der Deine Lippen geschmeidig macht und Rissen vorbeugt.

ÖLE UND SPRAYS

Ätherische Öle sind die Diamanten in der Schatztruhe der Inhaltsstoffe auf pflanzlicher Basis. Die besten und wirksamsten ätherischen Öle werden häufig dort destilliert, wo die Pflanze geerntet wird. Im Durchschnitt macht dieses duftende Öl nur etwa ein bis zwei Prozent der gesamten Pflanzenmaterie aus, was echte und zu 100 % natürliche ätherische Öle so wertvoll und auch so stark wirksam macht. Sie sollten daher immer nur sparsam eingesetzt werden und nicht unverdünnt auf die Haut kommen. Ätherische Öle können auch für individuelle Duftkreationen gemischt werden. Wenn Du Dich hier inspirieren lassen und mit eigenen Rezepten experimentieren möchtest, verwende immer das 3:2:1-Prinzip zum Mischen: Drei Teile für Öle von Pflanzen, die weit über der Erde wachsen (z. B. Zitrusfrüchte), zwei Teile für Öle von Pflanzen, die in Bodennähe wachsen (z. B. Blumen oder Kräuter) und einen Teil für Öle von Pflanzen, die unter der Erde wachsen (z. B. Wurzeln oder auch Hölzer).
Bei der Nutzung ätherischer Öle für die Hautpflege ist in etwa eine Verdünnung von 1% fürs Gesicht und von 2% für den Körper zu beachten. Denke immer daran, dass ätherische Öle nicht nur unglaubliche Aromen haben, sondern auch voller therapeutisch wirksamer Stoffe für Körper und Geist sind.

EIN HINWEIS ZU ÄTHERISCHEN ÖLEN UND SELBST GEMACHTEN DUFTÖLEN

Wie Du anhand der Kapitel-Einleitung vermutet hast, werden in einigen Rezepten im folgenden Abschnitt ätherische Öle oder selbst gemachte Duftöle verwendet (siehe Seiten 131–139). Ätherische Öle sind normalerweise etwa zwei Jahre haltbar, wenn sie kühl an einem dunklen Ort aufbewahrt werden. Da man nur wenige Tropfen davon benötigt, sind sie im Vergleich sehr kostengünstig. Wenn Du Deine ätherischen Öle nur selten verwendest, stelle sie in den Kühlschrank, damit sie länger frisch bleiben.

Bevorzuge teure Öle wie Rose und Jasmin für Pflegeprodukte, die auf der Haut verbleiben wie Seren und Feuchtigkeitscremes, und verwende die etwas billigeren Öle beispielsweise für Bade-Öle.

Gib ätherische Öle immer nur tropfenweise dazu und lass Dich nicht dazu verleiten, mehr zu verwenden. Die richtige Dosis an ätherischem Öl kann Geist, Körper und Seele beruhigen, aber zu viel davon kann Kopfschmerzen verursachen oder die Haut reizen. Intensiver riechende Öle sind Eukalyptus, Pfefferminze, Lorbeer, Basilikum, Limette, Zitrone, Thymian und Rosmarin; beachte dies immer, wenn Du sie in Deinen Produkten verwendest.

Ätherische Öle wirken nicht nur auf Deinen Körper, sondern auch auf Deinen Geist. Nutze sie also, je nachdem wie Du Dich fühlst. Die Mengen in der folgenden Tabelle sind für die Zugabe in einem Vollbad gedacht. Wenn Du sie also anderweitig verwenden möchtest, pass die Mengen entsprechend an. Während einer Schwangerschaft sind einige dieser Öle tabu, informiere Dich dazu auf entsprechenden Plattformen.

ÄTHERISCHES BERGAMOTTE-ÖL	wirkt ausgleichend oder verbessernd auf Deine Stimmung	**5 Tropfen**
ÄTHERISCHES GERANIUM-ÖL	entspannend und zugleich belebend und vitalisierend	**10 Tropfen**
ÄTHERISCHES KAMILLEN-ÖL	bei Schlaflosigkeit oder juckender Haut	**7 Tropfen**
ÄTHERISCHES LAVENDEL-ÖL	fördert eine positive Einstellung, beruhigt und entspannt	**10 Tropfen**
ÄTHERISCHES NEROLI-ÖL	baut Stress und Ängste ab	**8 Tropfen**
ÄTHERISCHES WEIHRAUCH-ÖL	beruhigend und stimmungsaufhellend	**8 Tropfen**
ÄTHERISCHES YLANG-YLANG-ÖL	gegen Langeweile, Stress oder Müdigkeit	**8 Tropfen**

ZIMTPFLEGE
für pralle Lippen

7–8 Trp selbst gemachtes Zimt-Öl *(siehe Seite 137)*
½ TL natives Kokosöl, geschmolzen
½ TL Mandelöl

1 kleine Roll-on-Flasche oder 1 kleine Flasche mit Pipette

Jedes Jahr im Januar stelle ich Zimt-Öl selbst her. Ich mache mir immer im November einen festlichen Kranz, der Zimtstangen als dekoratives Element enthält. Der Gedanke, sie nur dafür zu verwenden, passt nicht zu mir. Also muss ich einen Weg finden, um dem schönen Zimt auf die eine oder andere Weise ein zweites Leben zu geben.

1 Stelle zunächst das Zimt-Öl von Seite 137 her.

2 Vermische alle Zutaten in einer kleinen Schüssel und fülle sie dann vorsichtig in die Flasche Deiner Wahl um (z. B. mit Hilfe eines kleinen Trichters). Ich benutze eine Roll-on-Flasche für das Lippenöl, weil sie verhindert, dass ich zu viel auftrage. Aber Du kannst auch eine kleine Flasche mit Pipette verwenden und dann nur einen einzigen Tropfen mit der Fingerspitze auf Deine Lippen tupfen. Sie werden danach etwas kribbeln.

3 Trage das Öl direkt auf die sauberen, trockenen Lippen auf.

4 Das Lippenöl ist bis zu sechs Monate haltbar, wenn Du es vor Hitze und direkter Sonneneinstrahlung geschützt lagerst.

TIPP

Bei äußerer Anwendung verursacht Zimt in der Regel ein kribbelndes Gefühl. Das ist normal und Teil der aufpolsternden Wirkung. Wenn jedoch Hautirritationen oder Beschwerden auftauchen, musst Du das Lippenöl sofort absetzen.

DARUM WIRKT'S

Das oben beschriebene Kribbeln ist auf die zunehmende Durchblutung zurückzuführen, die Deine Lippen voller und voluminöser erscheinen lässt. Außerdem hat Zimt-Öl antioxidative Eigenschaften, die dazu beitragen, die empfindliche Haut der Lippen vor Umweltschäden und vorzeitiger Alterung zu schützen. Avocado-Öl als Trägerstoff (siehe Seite 137) ist in diesem Fall nicht zufällig: Es ist genial für die Lippen, weil es eine tolle Vitamin-E-Quelle ist. Zudem besitzt es viel Ölsäure, die hilft, Feuchtigkeit zu speichern und Trockenheit vorzubeugen. Avocado-Öl dringt tief in die Haut ein und macht die Lippen weich, glatt und geschmeidig. Die Antioxidanzien und Vitamine im Avocado-Öl nützen auch, um geschädigte Lippen zu reparieren.

AVOCADO-NAGELHAUTÖL

für ca. 50 ml

3–5 Bio-Avocados, Schalen und Kerne
Trägeröl nach Wahl, *z. B. Oliven-, Mandel- oder Traubenkernöl*

1 hitzebeständiges Glasgefäß, etwa in Größe eines großen Marmeladenglases
1 Kochtopf
1 feinmaschiges Sieb oder ein Stück Musselin *(Käsetuch)*
1 kleine Roll-on-Flasche oder 1 kleine Flasche mit Pipette

TIPP

Generell gilt: Was gut für Deine Nägel ist, tut auch Deinen Haare gut. Du kannst es also gleichzeitig als Haaröl benutzen. Wenn Du aus der Dusche kommst, gib ein paar Tropfen auf Deine Fingerspitzen und massiere das Öl in die sauberen, noch feuchten Haarspitzen. Es ist ideal zur Vorbeugung von brüchigem Haar und Spliss.

DARUM WIRKT'S

Avocado enthält Kalium, das die Keratinproduktion fördert. Dies verhindert, dass Deine Nägel brüchig werden und ihr Wachstum wird gefördert.

Hier verwenden wir Avocadokerne und -schalen zur Herstellung eines Öls, das Deine Nägel pflegt, stärkt und gesund erhält. Wenn Du also eine ordentliche Portion Guacamole gemacht hast, ist das perfekt, um die Reste zu verarbeiten! Avocado-Öl ist großartig, um die Nagelhaut weich zu machen und die Nägel zu stärken. Ich benutze reines Avocado-Öl, wenn ich Nagellack entfernt habe, um meine Nägel zu kräftigen und nicht austrocknen zu lassen. Unsere Content-Managerin Giulia gab mir diesen Tipp. Ihre Hände sind oft auf unseren sozialen Medien zu sehen und ihre Nägel sind so stark, dass wir häufig Kommentare von Leuten erhalten, die annehmen, sie hätte lange Plastiknägel. Es handelt sich aber tatsächlich um ganz natürliche, sehr gepflegte Nägel – alles dank Avocado!

1. Lass die Avocadokerne und -schalen ein paar Tage an der Luft trocknen, bevor Du Dich an die Herstellung des Öls machst.

2. Wenn es so weit ist, entfernst Du die äußere Schicht der Avocadokerne mit einem scharfen Messer oder Schäler. Sie sollte sehr leicht abplatzen, da sich die äußere von der inneren Schichts des Steins normalerweise ablöst, sobald sie austrocknet.

3. Hacke die Steine mit einem großen Messer in Stücke; dies vergrößert ihre Oberfläche und ermöglicht eine bessere Aufnahme ins Öl. Aus demselben Grund solltest Du die Schalen in kleinere Stücke reißen.

4. Gib die Steine und Schalen in das bereitgestellte Glasgefäß und übergieße sie mit Trägeröl, bis sie gut bedeckt sind.

5. Gieße so viel Wasser in den Topf, bis das Glas etwa halb hoch darin steht. Nimm das Glas heraus und bring das Wasser im Topf bei mittlerer Hitze zum Kochen. Stelle nun das Glas (ohne Deckel!) wieder ins Wasser und lass es zehn Minuten sanft köcheln.

6 Nimm den Topf mitsamt Glas vom Herd und lass es über Nacht darin stehen. Seihe am nächsten Morgen das Öl ab, um Steine und Häute zu entfernen. Es sollte nun etwas grüner als natives Olivenöl extra aussehen. Fülle das Öl in die Aufbewahrungsflasche nach Wahl. Es ist sechs Monate haltbar, wenn es vor Hitze und direkter Sonneneinstrahlung geschützt aufbewahrt wird.

7 Wasche vor der Anwendung zunächst Deine Hände und trockne sie gründlich ab. Gib einen einzigen Tropfen auf jedes Nagelbett und massiere das Öl ein. Es wirkt besonders gut, wenn es nach dem Entfernen von Lack aufgetragen wird oder nach einer Maniküre/Pediküre (das funktioniert auch für die Zehen!).

HAARÖL
mit welken Kräutern

ergibt 100 ml

8 EL Deines Lieblings-Trägeröls, z. B. Kokos-, Jojoba- oder Mandelöl *(siehe Tipp)*
1 Handvoll verwelkte Kräuter, z. B. Rosmarin, Basilikum, Minze oder Thymian

1 hitzebeständiges Glasgefäß mit gut schließendem Deckel
1 Kochtopf *(optional)*
1 feinmaschiges Sieb oder ein Stück Musselin *(Käsetuch)*
1 Glasflasche mit Deckel oder 1 Pipettenflasche

TIPP

Wähle ein Trägeröl, das für Deinen Haartyp geeignet ist und welches Du magst. Kokosöl pflegt in der Tiefe, Jojobaöl ähnelt dem natürlichen Hauttalg Deiner Kopfhaut und Mandelöl ist leicht und feuchtigkeitsspendend.

DARUM WIRKT'S

Die Kombination aus Kräutern und pflanzlichen Ölen hilft, Deine Haare zu pflegen und zu schützen. Sie werden weicher und besser kämmbar. Der ölige Kräuterauszug verleiht natürlichen Glanz, so dass sie schimmern und strahlend aussehen. Rosmarin regt die Kopfhaut an und unterstützt so das Haarwachstum, was ein gesünderes und kräftigeres Haar fördert.

Belebe und nähre Deine Haare mit diesem Öl, das ein gesundes Haarwachstum fördert und Glanz verleiht.

1. Fülle das Trägeröl in ein sauberes Glasgefäß (Kokosöl vorher schmelzen lassen). Gib die verwelkten Kräuter dazu und achte darauf, dass sie vollständig vom Öl bedeckt sind. Verschließe das Glas gut mit dem Deckel.

2. Wenn Du etwas Zeit hast und die Kräuter optimal nutzen willst, stell das verschlossene Glas für eine Woche an ein sonniges Fenster. Sonnenlicht kann helfen, noch mehr pflanzliche Stoffe ins Öl zu extrahieren.

3. Wenn es jedoch schneller gehen soll, kannst Du auch die Herdmethode nutzen: Stell das verschlossene Glas in einen Topf, gieß so viel Wasser hinein, dass das Glas halbhoch darin steht, und lass es bei schwacher Hitze ein bis zwei Stunden sanft köcheln. Achte darauf, dass das Öl nicht überhitzt. Dieser sanfte Erhitzungsprozess hilft den Kräutern, ihre nützlichen Inhaltsstoffe ans Öl abzugeben. Lass es auf Raumtemperatur abkühlen.

4. Danach (unabhängig davon, ob die Sonnen- oder Herdmethode gewählt wurde), seihst Du das Öl in eine saubere Schüssel ab und wirfst die verwelkten Kräuter weg. Fülle das Kräuter-Haaröl nun in eine saubere Glasflasche mit einem gut schließenden Deckel. Das Öl ist sechs Monate lang haltbar, wenn es vor Hitze und direkter Sonneneinstrahlung geschützt gelagert wird.

5. Trage eine kleine Menge des Haaröls auf Kopfhaut und Haar auf und massiere es sanft ein. Lass es mindestens 30 Minuten oder über Nacht einwirken, um ein besseres Ergebnis zu haben. Wasche Deine Haare mit Shampoo und Spülung wie gewohnt und Du wirst gepflegte und revitalisierte Locken haben!

AUGENBRAUEN- ODER WIMPERNÖL

reicht für
2 Anwendungen

2–3 Trp Haaröl *(siehe Seite 62)*
4–5 Trp Rizinusöl

1 Schälchen zum Mischen
1 Glasflasche mit gut schließendem Deckel oder 1 Pipettenflasche
Wattestäbchen oder Augenbrauenpinsel *(optional)*

Das Kräuter-Öl von der vorherigen Seite kann auch verwendet werden, um Augenbrauen und Wimpern gut zu pflegen und sie gesund aussehen zu lassen. Es hilft zudem, sie in die gewünschte Form und Richtung zu bringen.

1 Vermische alle Zutaten in einer kleinen Schüssel.

2 Fülle das Kräuter-Öl in eine saubere Glasflasche um und verschließe sie gut mit dem Deckel. Das Öl ist sechs Monate lang haltbar, wenn es vor Hitze und direkter Sonneneinstrahlung geschützt gelagert wird.

3 Verwende entweder Deine Fingerspitzen, ein Wattestäbchen oder eine saubere Mascara-/Augenbrauenbürste und trage das Öl auf die sauberen, trockenen Augenbrauen oder Wimpern auf.

TIPP

Um die Wimpern zu pflegen, gib ein klein wenig reines Rizinusöl auf Deine saubere, trockene Fingerspitze und blinzle langsam mit Deinen Wimpern darauf herum. Wiederhole den Vorgang einige Male pro Auge. Du kannst dafür aber auch ein Wattestäbchen (nur plastikfrei, bitte!) oder eine saubere Mascara-Bürste nehmen. Bei täglicher Anwendung wirst Du nach etwa 30 Tagen dickere, längere Wimpern feststellen.

ORANGENSCHALEN-KÖRPERÖL

für ca. 150 ml

1 EL Aprikosenkernöl *(siehe Seite 136)*
10 Trp Orangenschalen-Öl *(siehe Seite 135)*
5 Trp Zitronenschalen-Öl *(siehe Seite 134)*
8 EL Traubenkernöl oder ein Trägeröl nach Wahl
1 EL Jojobaöl
3 Trp 100 % natürliches ätherisches Bergamotte-Öl

1 Braun- oder Blauglas mit 150 ml Fassungsvermögen und gut schließendem Deckel

TIPP

Dunkle oder braune Glasflaschen sind für die Öle die richtige Wahl, weil sie sonst unter Einfluss von Sonnenlicht mit der Zeit zerstört werden.

Das Wichtigste bei einem Körperöl ist für mich, dass es meine Haut gesund macht, gut pflegt und schuppige Stellen verhindert. Ich möchte auch, dass es großartig riecht – und dieses Körperöl hat einen fruchtigen, frischen, sommerlichen Duft, den ich liebe! Hier verwenden wir selbst gemachtes Aprikosenkern-Öl sowie Orangen- und Zitronenschalen-Öl für den angenehmen Zitrus-Touch.

1 Stelle zunächst die Öle her wie auf den Seiten 134–136 beschrieben.

2 Mische Traubenkern-, Jojoba- und Aprikosenkern-Öl in einer kleinen Schüssel. Gib nun behutsam das Orangenschalen-, das Zitronenschalen- und das Bergamotte-Öl in die Trägeröl-Mischung. Rühre vorsichtig um, damit sich alle Öle gut verbinden. Gieße nun alles vorsichtig in das saubere Glas und verschließe es gut. Das Öl ist sechs Monate haltbar, wenn es vor Hitze und direkter Sonneneinstrahlung geschützt wird.

3 Trage eine kleine Menge des Körperöls nach dem Baden oder Duschen auf. Massiere es sanft in kreisenden Bewegungen in die Haut, so dass es vollständig einziehen kann. Genieße das fruchtige Aroma und die feuchtigkeitsspendende Wirkung dieses Körperöls. Deine Haut wird weich, geschmeidig und gut gepflegt.

DARUM WIRKT'S

Die hier verwendeten Trägeröle sind leicht und nicht fettig, sie ziehen gut ein, was sie ideal für die Verwendung in einem Körperöl macht. Die Zitrusöle sorgen nicht nur für einen erfrischenden Duft, sie hellen auch die Stimmung und das Hautbild auf.

ROSEN-GESICHTSWASSER

für 250 ml

250 ml destilliertes oder gefiltertes Wasser
viele traurig aussehende ungespritzte/unbehandelte Rosenblütenblätter, idealerweise von 5 Rosen
1 TL pflanzliches Glyzerin *(optional)*

1 Kochtopf
1 feinmaschiges Sieb
1 wiederverwendbare Glassprühflasche

TIPP

Lagere das Rosen-Gesichtswasser im Kühlschrank für einen extra Frischekick!

DARUM WIRKT'S

Rosenblüten sind reich an natürlichen Ölen sowie Wasser und versorgen die Haut mit dringend benötigter Feuchtigkeit. Außerdem erfrischen sie angenehm. Sie enthalten obendrein Antioxidanzien, die Deine Haut noch mehr strahlen lassen und die ersten Anzeichen der Hautalterung bekämpfen. Das Gesichtswasser ist sanft und für alle Hauttypen geeignet, selbst für empfindliche Haut.

Mit diesem Rezept kannst Du Dein eigenes Rosenwasser aus Rosensträußen herstellen, die ihre beste Zeit schon hinter sich haben. Ich nehme oft Sträuße von Veranstaltungen mit nach Hause, die viel zu schade zum Wegwerfen sind. Am Ende bekommen sie ihre zweite Chance in Badesalz (siehe Seite 96), als Lufterfrischer (siehe Seite 106) oder in einem Gesichtswasser wie diesem hier!

1 Gieße das destillierte oder gefilterte Wasser in den Topf und lass es bei mittlerer Hitze kurz aufkochen. Sobald es kocht, schalte den Herd aus und gib die abgezupften Rosenblütenblätter hinein, die darin 20–30 Minuten ziehen sollen.

2 Seihe danach den Rosenblüten-Sud durch ein feinmaschiges Sieb in eine saubere Schüssel ab. Drücke die Blütenblätter aus, um so viel Flüssigkeit wie möglich zu gewinnen, und entsorge sie (die Blütenblätter können kompostiert werden).

3 Falls gewünscht, kannst Du Glyzerin in den Sud geben. Pflanzliches Glyzerin wirkt als Feuchthaltemittel; es hält die Feuchtigkeit in Deiner Haut und verstärkt die feuchtigkeitsspendenden Eigenschaften des Gesichtswassers. Wenn Du nur ein einfaches Gesichtswasser bevorzugst, kannst Du diesen Schritt auslassen.

4 Fülle das Rosen-Gesichtswasser vorsichtig in eine wiederverwendbare, saubere Glassprühflasche. Es hält sich im Kühlschrank für einen Monat.

5 Halte die Düse mit 20–30 cm Abstand vom sauberen, trockenen oder leicht feuchten Gesicht und besprühe es drei bis vier Mal. Warte, bis es getrocknet ist, bevor Du andere Produkte aufträgst.

SALZ-HAARSPRAY

für ca. 230 ml

225 ml warmes Wasser

ca. 1 EL Salzreste

1 TL natives Kokosöl

2–3 Trp 100 % natürliches ätherisches Öl nach Wahl Öl *(ich würde Rosmarin empfehlen oder für Zitrusfrische Limetten-, Zitronenverbene- oder Zitronengras-Öl)*

1 Sprühflasche *(z. B. eine alte Gesichtswasser-Sprühflasche)*

Wenn ich in den Geschäften Salzsprays in den Regalen sehe, fehlt mir ein wenig das Verständnis, denn sie sind ja nun wirklich unglaublich einfach selbst zu machen. Ich neige dazu, immer dann eine frische Ladung dieses Sprays herzustellen, wenn ich zuvor eine Party veranstaltet und Cocktails mit Salzrand verteilt habe. Für die gieße ich normalerweise etwas Limettensaft in einen Teller und gebe auf einen weiteren meine schönen Meersalzflocken, um den Glasrand damit zu benetzen. Aber natürlich bleibt immer etwas Limettensdlz übrig, das ich nicht wegwerfen möchte – und dann ist es Zeit für das Salz-Haarspray!

1 Verrühre alle Zutaten in einem Krug, bis sie gut vermischt sind. Fülle sie dann in die saubere Sprühflasche um. Das Spray hält sich bei sachgerechter Lagerung, vor Hitze und direktem Sonnenlicht geschützt, sechs Monate.

2 Halte die Düse mit 20–30 cm Abstand vom sauberen, trockenen oder leicht feuchten Haar und sprühe es großzügig ein. Je mehr Du sprühst, desto formbarer und griffiger wird Dein Haar. Aber Vorsicht: Wenn es zu viel ist, wird sich Dein Haar starr anfühlen und wie gepudert aussehen. Ich habe langes, leicht gewelltes, aber dickes Haar, und verwende normalerweise bis zu zehn Sprühstöße.

DARUM WIRKT'S

Das Spray funktioniert hervorragend, wenn Du Deine Hochsteckfrisur ein wenig mehr in Form halten möchtest. Wenn Du feine, fliegende Haare besitzt, die nie an Ort und Stelle bleiben, dann könnte dies einen Wendepunkt für Dich bedeuten.

KÄLTE-ANWENDUNGEN

3 X KÜHLEN!

Was ich an gefrorenen Hautpflegeprodukten so liebe, ist, dass Du Dich nicht darum kümmern musst, sie innerhalb einer bestimmten Zeit zu verbrauchen. Wenn Du also frische Zutaten hast, die am nächsten Tag nicht mehr so appetitlich wären, nutze sie neu in gefrorener Form für Deine Haut und Kopfhaut, was allemal besser ist, als sie in den Müll zu werfen!

Auch Kälteanwendungen bieten eine Menge Vorteile – in den heißen Sommermonaten bewahre ich die meisten meiner täglichen Hautpflegeprodukte im Kühlschrank auf, weil sie dadurch einfach erfrischender sind. Aber eine kühlende Hautpflege kann auch dazu beitragen, ein großporiges Hautbild zu verbessern sowie Rötungen, Schwellungen und Stauungen zu reduzieren.

Hier stelle ich drei Eis-Behandlungen vor, die ich in Tiefkühlbehältern im Gefrierschrank immer vorrätig habe.

EIS-FACIAL
mit kaltem Kaffee

reicht für 2–3 Gesichtsbehandlungen

Kaffeereste

Eiswürfelbehälter
1 weiches Stück Musselin (*Käsetuch*)

Das Peeling-Kapitel ist voll von Rezepten, in denen Kaffeesatz verwendet wird. Aber was ist mit übrig gebliebenem Kaffee? Keine Sorge, auch dafür gibt es eine sinnvolle Verwendung!

1 Gieße den übrigen Kaffee in den Eiswürfelbehälter und stelle ihn zum Einfrieren ins Gefrierfach.

2 Nimm einen Kaffee-Eiswürfel (oder auch mehrere) und wickle ihn in das Musselintuch. Ich warte gerne ein paar Minuten, damit er etwas weicher wird und der oder die Würfel beginnen, leicht durch den Stoff zu schmelzen. Wenn es soweit ist, massiere damit Dein Gesicht in sanft kreisenden Bewegungen. Wenn Du das Gesicht danach abspülen möchtest, kannst Du das tun, es ist aber nicht erforderlich.

DARUM WIRKT'S

Diese Eis-Gesichtsbehandlung reduziert vorübergehend Schwellungen und verquollene Bereiche. Kaffee besitzt viele Antioxidanzien, das Koffein fördert zudem die Blutzirkulation, was zu einer strahlenden, frischer aussehenden Haut führt. Darüber sorgst Du mit jeder Gesichtsbehandlung gut für Dich selbst, sie wirkt beruhigend und das wiederum kann bei Stress und Sorgen sehr hilfreich ist.

KOPFHAUT-MASSAGE MIT MINZE UND ROSMARIN

für 2 Massage-Anwendungen

1 Handvoll vertrockneter, braun gewordener Rosmarin
1 Handvoll verwelkte Minze
400–500 ml Wasser

1 Kochtopf
1 feinmaschiges Sieb
1 Silikon-Massageform *(siehe Tipp)*

Die Pflege der Kopfhaut ist der erste Schritt Deiner Haarpflege und sollte nie auf dem Weg zu gesundem Haar vergessen werden. Denke also an diese kühlende Massage! Passende Silikonformen sind preiswert und gut erhältlich. Wenn Du danach suchst, würde ich mich für die Noppenform entscheiden. Aber auch ein großer Würfel oder Eiswürfelformen erfüllen ihren Zweck!

1 Gib Rosmarin, Minze und Wasser in einen kleinen Topf. Lass alles bei mittlerer Hitze zehn Minuten köcheln.

2 Gieße das Wasser in eine Schüssel ab und entferne die Zweige und Blätter. Lass es abkühlen und gieße es dann in die Form zum Einfrieren.

3 Nimm das Massage-Eis aus der Form und bürste damit zunächst durch das nasse Haar, bevor Du es in kreisenden Bewegungen in Deine Kopfhaut einmassierst. Nimm Dir Zeit dafür und mache langsame, aber feste Bewegungen. Nach der Anwendung kannst Du mit Deiner täglichen Haarpflege-Routine fortfahren.

TIPP

Diese Silikonform kann auch für Körperbutter verwendet werden oder für Seifen und feste Peelingriegel – sogar für Badebomben! Die Noppen machen das Ganze weniger rutschig in Deiner Hand als die traditionelle Riegelform und in nassem Zustand bleiben sie auch weniger im Waschbecken oder in der Badewanne kleben.

DARUM WIRKT'S

Es gibt Hinweise darauf, dass Rosmarin nicht nur Haarausfall verhindert, sondern auch das Haarwachstum anregt. Außerdem schützt er vor freien Radikalen und bietet Schutz vor UV-Schädigungen. Das Einmassieren einer festen Masse in die Kopfhaut trägt auch zu ihrer Reinigung bei, weil dadurch abgestorbene Haut abgelöst und die Durchblutung gefördert wird. Es „weckt" die Kopfhaut auf und unterstützt die Speicherung von Feuchtigkeit im Gewebe.

EIS-FACIAL MIT GURKE

1 Salatgurke *(oder ein Gurkenrest!)*

Ich bekenne mich schuldig, eine Gurke fast nur als Garnitur für Gin Tonic zu kaufen. Spätestens am Donnerstag nach einem G-T-Wochenende mache ich mir Sorgen, dass ich sie nicht mehr aufbrauchen kann ... Deshalb gibt es normalerweise immer einen Gurkenrest in meiner Gefriertruhe! Zum Glück ist die aber das perfekte Mittel, um sich eine kühlende Gesichtsbehandlung zu gönnen. Ich mache das morgens für strahlendes Aussehen und weiche Haut, die herrlich taufrisch aussieht.

1 Lege die Gurke in den Gefrierschrank. Am besten steckst Du sie in einen sauberen Behälter zum Einfrieren.

2 Reinige Deine Haut wie üblich und schneide ein Stück am Gurkenende ab, damit Du eine glatte Oberfläche hast. Gleite damit langsam über Dein Gesicht und nimm Dir so viel Zeit, wie Du möchtest. Nutze das Gurkenstück wie einen Gua-Sha-Stein (z. B. in Aufwärtsbewegungen entlang der Kieferlinie). Du musst danach das Gesicht nicht abspülen und kannst nach Abschluss der Gurken-Gesichtsbehandlung mit Deiner üblichen Hautpflege fortfahren.

3 Wenn Du fertig bist, schneidest Du die Schnittfläche ab, die Du benutzt hast, damit die Gurke sauber und frisch für Dein nächstes Eis-Facial ist. Lege sie wieder zurück in den Gefrierschrank.

DARUM WIRKT'S

Gurken eignen sich hervorragend zur Bekämpfung von Akne oder wenn Dein Gesicht „blüht". Sie können auch helfen, Schwellungen um die Augen und dunkle Augenringe zu lindern. Und falls Du Dein Gesicht durch ein Peeling versehentlich zu sehr aufgeraut hast, dann ist dieses Eis-Facial eine wunderbare nachfolgende Gesichtsbehandlung!

MAKE-UP & CO.

Ich habe es noch nie gemocht, dass die Schönheitsindustrie als Schönheitsindustrie bezeichnet wird. Wenn ich kritisch darüber nachdenke, bin ich mir nicht sicher, ob „die Industrie“ dieselbe Definition von Schönheit hat wie ich. Vieles geht inzwischen in eine gute Richtung, aber als ich im Teenageralter am stärksten beeinflussbar war, wurden diese Produkte nur von Leuten vermarktet, die mir nicht ähnlich sahen. Ich bin der festen Überzeugung, dass meine „Schönheits“-Marke nicht dazu führt, dass sich Menschen noch schlechter fühlen. Das Beste an meiner Arbeit sind zweifellos die Bilder von Hautveränderungen, die ich mit unglaublichen Empfehlungsschreiben erhalte. Selbstvertrauen kann die verschiedensten Ursachen haben, aber zu wissen, dass die von mir entwickelten Produkte so vielen Menschen das Gefühl geben, ein klein wenig selbstbewusster zu sein, ist für mich das Schönste überhaupt.

Hautpflege und Make-up wurden auch noch in jüngster Zeit als eigenständige Produkte betrachtet. Das Hauptmerkmal der meisten Make-ups ist, dass sie lange auf der Haut bleiben. Sollten sie unsere Haut dann nicht auch gleichzeitig mit Nährstoffen versorgen? Ich denke schon …

HIMBEER-LIPPENBALSAM

für 3–4 Anwendungen

5–6 Himbeeren
1 TL natives Kokosöl, geschmolzen

1 Mörser mit Stößel
1 feines Sieb
1 kleines Gefäß mit Deckel

Genau wie Pflücksalat in der Tüte können Himbeeren ziemlich schnell matschig werden! Dieser Lippenstift ist eine tolle Möglichkeit, die Beeren zu verwenden, damit sie nicht in den Müll wandern. Er gibt Deinen Lippen ganz einfach eine natürliche Röte. Ich hatte das Rezept auf Instagram und TikTok geteilt und als ich dieses Buch schrieb, war es der beliebteste Beitrag, den wir jemals auf beiden Plattformen gemacht haben. Wer hätte das gedacht?! Außerdem sieht er herrlich aus und schmeckt auch so – widerstehe also dem Drang, alles sofort abzulecken!

1 Püriere die Himbeeren mit dem Stößel in einem Mörser. Füge das flüssige Kokosöl hinzu und mörsere weiter. Seihe alles durch ein Sieb ab und fülle es in einen Behälter Deiner Wahl. Im Kühlschrank hält es sich drei bis fünf Tage.

2 Tauche mit Deiner sauberen Fingerspitze in das Lippenbalsam und trage es auf die Lippen auf.

TIPP

Möchtest Du einen dunkleren Farbton? Tausche einfach Himbeeren gegen Brombeeren!

DARUM WIRKT'S

Wir haben alle auf die harte Tour gelernt, dass die meisten Beeren so ziemlich alles verschmutzen können – Teppiche, Kleidung, Polstermöbel, einfach alles ... Machen wir uns also die lästige Eigenschaft dieser köstlichen Früchte für etwas Positives zunutze und lassen sie färben, was wir färben wollen!

DEODORANT

ergibt 100 g

- 2 EL natives Kokosöl, geschmolzen
- 2 EL Sheabutter, geschmolzen
- 2 EL Speisestärke, z. B. Maisstärke
- 3 EL Backnatron *(Natriumhydrogencarbonat)* oder Pfeilwurzelmehl
- 2–3 Trp 100 % natürliches ätherisches Öl nach Wahl Öl *(siehe Tipp)*

- 1 Glasgefäß mit Deckel
- 1 Mini-Spatel

Sage Tschüss zu Achselschweiß-Geruch mit diesem schnellen und einfachen natürlichen Deo. In wenigen Schritten bist Du auf dem Weg zu gepflegten und nicht ausgetrockneten frischen Achseln! Sheabutter und Kokosöl pflegen die empfindliche Haut, während das Natron den pH-Wert neutralisiert und antibakteriell wirkt. Bitte beachte aber, dass es manche Hauttypen reizt. Ich empfehle daher vorher einen Patch-Test! Pfeilwurzelmehl kann als Alternative von jenen verwendet werden, die mit Natron nicht gut zurechtkommen.

1 Vermenge die Zutaten sorgfältig in einer Schüssel und gieße die Mischung in ein sauberes, leeres Glas Deiner Wahl. Verschließe es mit dem Deckel und lass alles drei bis vier Stunden ziehen. Da es kein Wasser enthält, ist das Deo bei Raumtemperatur etwa sechs Monate haltbar, wenn es verschlossen gelagert wird. Aber es wird bei regelmäßigem Gebrauch wahrscheinlich schon vorher aufgebraucht sein.

2 Portioniere etwas Deodorant mit einem Mini-Spatel und trage es direkt auf die Haut auf. Dieses Deo riecht nicht nur wunderbar, sondern ist auch zu 100 Prozent natürlich und stark feuchtigkeitsspendend.

TIPP

Meine zwei Lieblingskombinationen ätherischer Öle hierfür sind Teebaum- und Orangen-Öl oder Lavendel- und Patchouli-Öl. Wenn Du nur selbst gemachtes Öl dafür verwenden möchtest, nimm das Orangenschalen-Öl von Seite 135.

DARUM WIRKT'S

Deosprays enthalten zwar nicht mehr die schädlichen Fluorchlorkohlenwasserstoffe (FCKWs), die die Ozonschicht abbauen, aber Aerosol-Deodorants nutzen immer noch Treibgase, die zur Luftverschmutzung und zum Klimawandel beitragen.

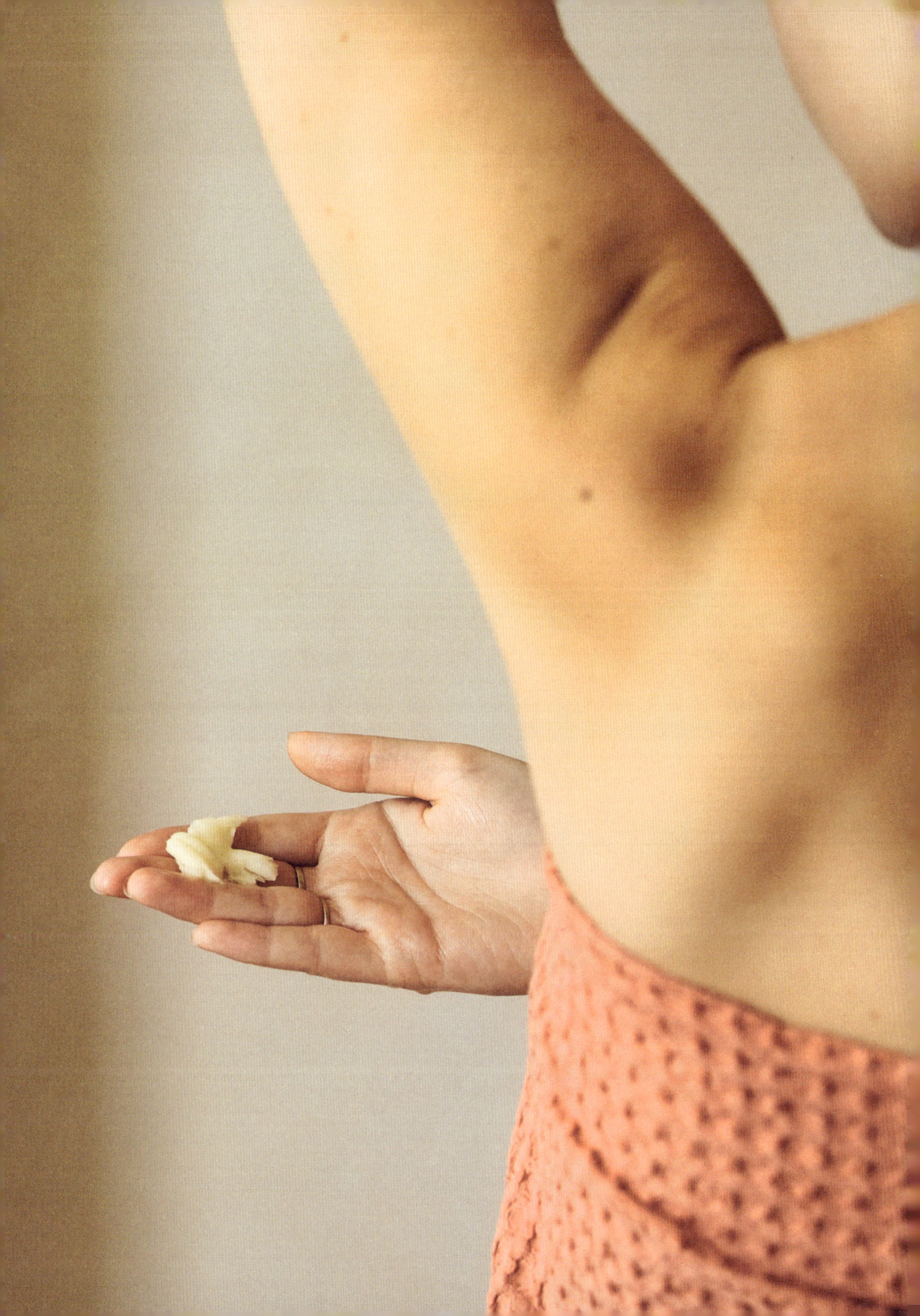

MAKE-UP-ENTFERNER AUS KOKOSÖL

Kokosnussöl – das war's!

Das ist kein Geheimnis mehr für alle Fans natürlicher Schönheit – ich glaube sogar, dass das inzwischen weithin bekannt ist – aber alles, was man zum Entfernen von Make-up braucht, einschließlich Wimperntusche, ist Kokosöl.

1 Erwärme einfach ein wenig Kokosöl zwischen Deinen Fingerspitzen, bevor Du es auf Gesicht und Augenlider aufträgst. Massiere es leicht ein, um das Make-up sanft abzulösen. Wische alles mit einem feuchten Tuch ab oder verwende waschbare Make-up-Pads oder Gesichtstücher.

ALOE-ROSEN-PRIMER

für 15–20 Anwendungen

2 EL Aloe-Vera-Gel *(siehe Seite 139 für die Extraktion des Gels aus einem Aloe-Blatt)*
2 EL Rosenwasser *(siehe Rosen-Gesichtswasser auf Seite 68)*

1 wiederverwendbarer Pumpflakon

DARUM WIRKT'S

Aloe Vera ist bekannt für seine beruhigenden und feuchtigkeitsspendenden Eigenschaften, während das Rosenwasser hilft, die Haut auszugleichen und mit Feuchtigkeit zu versorgen.

Diese feuchtigkeitsspendende Basis sorgt für eine glatte und gepflegte Haut, auf der Dein Make-up länger hält und Dir ein strahlendes Aussehen verleiht.

1 Vermenge in einer kleinen Schüssel das Aloe-Vera-Gel mit dem Rosenwasser. Gieße die Mischung vorsichtig in Deinen Flakon. Vergewissere Dich, dass der Deckel fest verschlossen ist, um Verunreinigungen zu vermeiden und die Frische zu erhalten. Im Kühlschrank ist der Primer zwei bis drei Wochen haltbar. Die Kühle hilft nebenbei meiner Haut, sich nach der Anwendung straff anzufühlen.

2 Reinige Dein Gesicht und tupfe es trocken. Entnehme eine kleine Menge Primer und trage ihn auf dem gesamten Gesicht mit den Fingerspitzen oder einem Make-up-Pinsel auf. Konzentriere Dich auf jene Bereiche, die fettig sind oder wo das Make-up schnell verblasst.

3 Lass den Primer ein oder zwei Minuten einziehen, bevor Du eine Grundierung (Foundation) oder andere Make-up-Produkte aufträgst.

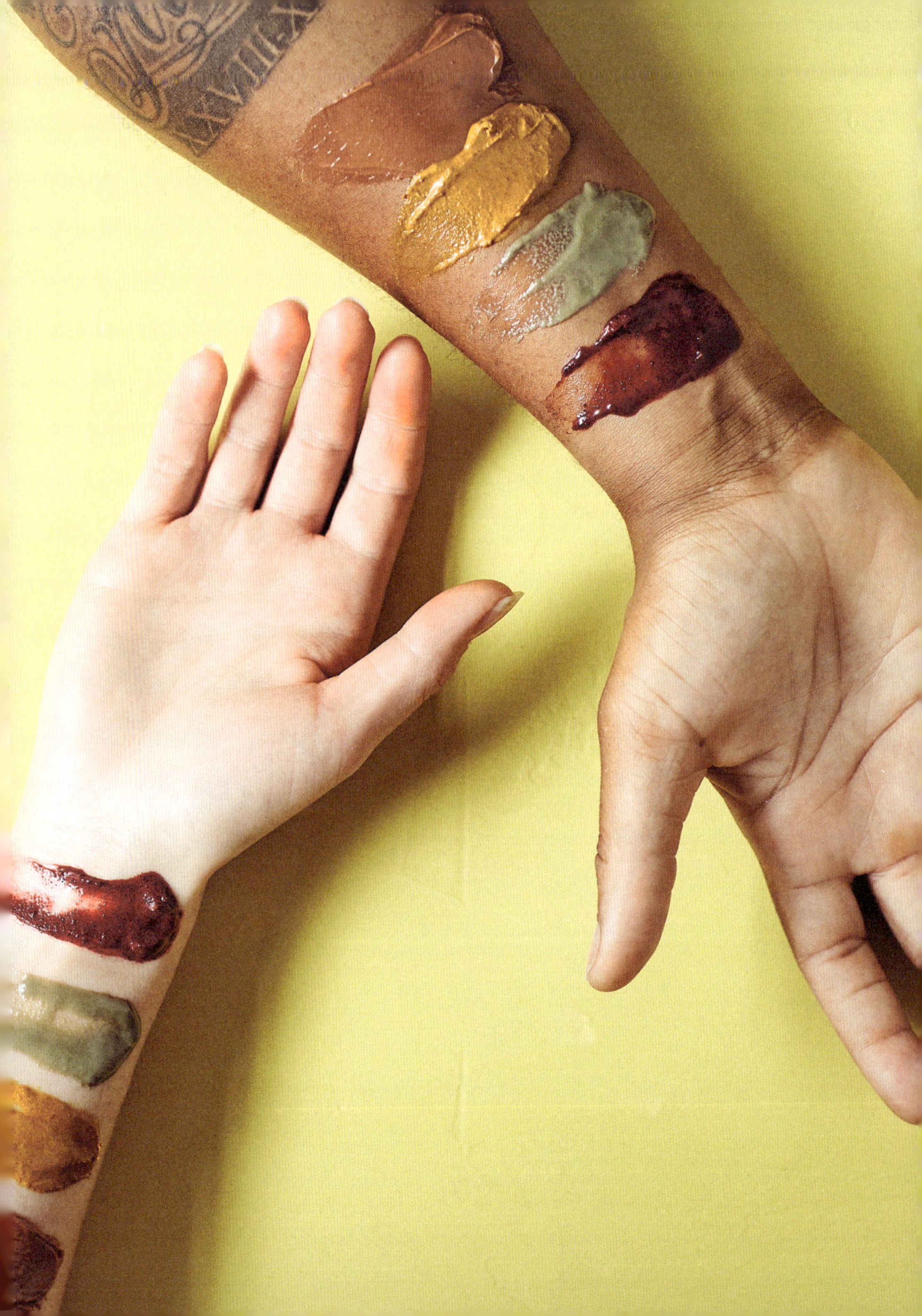

LIDSCHATTEN

ergibt ca. 15 g

1 TL Kurkumapulver *(gemahlener Gelbwurz)*
1 TL reines Kakaopulver
1 TL Sheabutter, geschmolzen

1 kleines Glasgefäß mit Deckel

TIPP

Welche Pulver auch immer Du verwendest, stelle sicher, dass sie sehr fein vermahlen sind.

Empfohlene Puder für weitere Farbtöne

Lila/Blau:
gefriergetrocknetes Heidelbeerpulver
Rosa:
gefriergetrocknetes Himbeer-, Hibiskus- oder Rote-Bete-Pulver
Grün:
Spirulina- oder Moringapulver
Orange/Gelb:
Kurkumapulver
Braun:
Kakaopulver
Weiß:
weiße Tonerde (Kaolin)
Zartrosa:
rosa Tonerde
Hellgrün:
grüne Tonerde

Im Prinzip kannst Du fast jedes pigmentierte natürliche Pulver verwenden, um einen Lidschatten in verschiedenen Farbtönen zu kreieren. Aber Deine Augen sind empfindlich, prüfe also vorher, ob das Pulver für sensible Haut als geeignet aufgelistet ist. Ich schlage in der Zutatenspalte noch einige andere Farbmöglichkeiten vor, möchte hier aber ein Rezept für einen sonnengelben Farbton vorstellen – mein Favorit in der Welt der Farben. Vielleicht denkst Du jetzt: „Ein Pulver wie Kurkuma wird aber doch meine Haut verfärben?" Sei versichert, dass dem nicht so ist, wenn das Pulver mit Ölen vermischt wird. Eine Verfärbung tritt nur auf, wenn es pur aufgetragen wird. Dieser Lidschatten ist einfach zu machen, lässt sich gut verblenden und spendet Deinen Augenlidern auch noch Feuchtigkeit. Ich empfehle, vorher einen Patch-Test durchzuführen und generell vorsichtig zu sein, wenn Du das ausprobierst! Wir raten außerdem, zuvor eine Basis wie Primer, Concealer oder Foundation aufzutragen.

1 Mische beide Pulver in einer kleinen Schüssel und rühre dann die geschmolzene Sheabutter hinein. Fülle alles in ein Gefäß Deiner Wahl, verschließe es und lass es bis zum Festwerden stehen.

2 Der Lidschatten ist bis zu einem Jahr haltbar, wenn er in einem verschlossenen Behälter an einem kühlen, trockenen Ort gelagert wird.

3 Streiche mit einem Make-up-Pinsel sanft über die Oberfläche des Lidschattens und trage ihn dann auf Deine Augenlider auf.

HINWEIS

Du kannst für etwas mehr Schimmer auch noch Glitzer-Puder hinzufügen. Achte darauf, nur solchen zu kaufen, der für die kosmetische Anwendung geeignet und sicher an den Augen verwendbar ist.

ROTE-BETE-ROUGE

für 10 g, ausreichend für ca. 30 Anwendungen

1 TL Rote-Bete-Pulver *(siehe Seite 138)*
1 TL Pfeilwurzelmehl

1 Glasgefäß mit Deckel

Dieses Rouge besteht aus nur zwei – richtig: zwei! – Inhaltsstoffen. Ich war schon immer mehr ein Fan eines Bronze-Looks als von Rosa, aber wie bei den meisten der Rezepte in diesem Buch, kannst Du bestimmte Zutaten austauschen, um zu unterschiedlichen Ergebnissen zu kommen. Drachenfruchtpulver ergibt ein rosafarbenes Rouge, Kakaopulver ein tieferes Braun, Rote Bete, was ich verwende, ergibt ein rötliches Braun, lilafleischige Süßkartoffeln als Pulver einen schönen Violett-Farbton. Auf Seite 138 zeige ich Dir, wie Du Dein eigenes Rote-Bete-Pulver herstellen kannst, das Du dann in verschiedenen Make-up-Bereichen verwenden kannst.

1 Stelle zunächst das Rote-Bete-Pulver von Seite 138 her.

2 Vermische beide Pulver in einem sauberen, ganz trockenen Gefäß mit einem sauberen Utensil wie einem Stäbchen. Über die Zugabe des einen oder anderen Pulvers kannst Du den Farbton regulieren: mehr Rote-Bete-Pulver für einen dunkleren oder mehr Pfeilwurzelmehl für einen helleren Look.

3 Das Rouge ist in einem verschlossenen Behälter an einem kühlen, trockenen Ort ein Jahr lang haltbar.

4 Tauche einen Make-up-Pinsel vorsichtig in die Mischung und klopfe ihn am Gefäßrand innen ab, damit das übrige Pulver wieder in den Tiegel fällt. Trage das Rouge dann sanft auf die Wangen auf.

MASCARA

auch als Augenbrauenfarbe verwendbar

für ca. 10 ml

- 1 Prise Bentonitpulver
- 1 großzügige Prise Aktivkohle (für schwarze Wimperntusche) oder Kakaopulver (für braune) – meist gibt es Aktivkohle in Kapseln, dann ist eine mehr als ausreichend
- 5 Trp Vitamin-E-Öl
- 5 Trp Rizinusöl
- 5 Trp pflanzliches Glyzerin
- ½ TL Aloe-Vera-Gel (siehe Seite 139 für die Extraktion des Gels aus einem Aloe-Blatt)

- 1 breites, flaches Gefäß mit Deckel (siehe Tipp)
- 1 Mascarabürste

Bei Wimperntuschen nervt mich häufig, dass viele von ihnen nach drei oder vier Stunden anfangen, auf die Wangen zu bröckeln. So gesehen scheinen sie nicht besonders gut zu halten, aber wenn es darum geht, die Wimperntusche zu entfernen, verliere ich jedes Mal ein oder zwei Wimpern bei meinen Versuchen, sie abzubekommen. Was ich an dieser DIY-Mascara am meisten mag: sie bleibt auf den Wimpern, solange man möchte, und geht ab, wenn sie soll!

1 Mische alle trockenen Zutaten in einer Schüssel oder direkt in dem Gefäß, in dem Du Deine Wimperntusche aufbewahren wirst. Ich verwende dazu ein Stäbchen. Füge die feuchten Zutaten hinzu und rühre gründlich um. Eine Stunde lang fest werden lassen, bevor Du die Wimpern damit tuschst.

2 An einem kühlen, trockenen Ort ist die Mascara bis zu sechs Monate haltbar. Verschließe nach der Verwendung immer gleich das Gefäß, um die Feuchtigkeit der Wimperntusche so lange wie möglich zu erhalten.

3 Trage mit einer sauberen Mascarabürste die Tusche wie gewohnt auf den Wimpern auf.

TIPP

Wähle einen sehr flachen Behälter, damit Du die Wimperntusche gut mit der ganzen Bürstenbreite von der Oberfläche abnehmen kannst. Wenn das Gefäß zu eng oder zu schmal ist, wird nur die Bürstenspitze eingetaucht. Du kannst exakter dosieren, wenn Du hier mit einem breiten, flachen Behälter arbeitest.

DARUM WIRKT'S

Sowohl Vitamin E als auch Rizinusöl sollen das Wimpernwachstum fördern. Vitamin E wirkt zudem als natürliches Konservierungsmittel, damit Deine Mascara länger hält.

TROCKEN-SHAMPOO

für 20–30 g, ausreichend für ca. 10 Anwendungen, abhängig von der Haarlänge

1 EL Maisstärke (Speisestärke) oder sehr fein gemahlene Haferflocken

1 EL Pulver nach Wahl:

blond:
Pfeilwurzelmehl
rot:
Zimt
brünett:
pures Kakaopulver
schwarz:
Aktivkohle oder fein gemahlene Holzkohle
gefärbt in rosa, grün, blau, etc.:
zerkleinerte ökologische fettfreie Kreide in der passenden Farbe *(z. B. Kinder-Straßenmalkreide)*

1 Glasgefäß, idealerweise mit Lochdeckel-Abdeckung

Die Idee eines Trocken-Shampoos ist es, überschüssiges Fett aus dem Haar sofort aufzunehmen. Diese DIY-Version ist ein absolutes Muss, wenn Du nur mit leichtem Gepäck auf dem Weg zu einem Festival oder einfach auf der Suche nach etwas Schwung für Dein Haar zwischen den Haarwäschen bist. Als Basis funktionieren entweder Maisstärke (Speisestärke), die sich hervorragend zum Aufsaugen von Öl und Fett eignet, oder sehr fein gemahlene Haferflocken, die ebenfalls überschüssiges Fett absorbieren; letztere sind außerdem gut bei gereizter oder juckender Kopfhaut. Weitere Inhaltsstoffe wählst Du entsprechend Deiner Haarfarbe.

1. Kombiniere Dein Basispulver mit dem gewählten Farbpulver. Wenn Deine Haarfarbe sich irgendwo dazwischen befindet, wie bei mir, dann mische einfach die Pulver, als ob es Malfarben wären, und passe sie Deinem Haar an. Ich bin entweder eine sehr dunkle Blondine oder eine helle Brünette, also verwende ich ein wenig Pfeilwurzelmehl mit etwas Kakaopulver. Wenn Du mit dem Farbton zufrieden bist, fülle ihn in Dein Gefäß um.

2. Das Trocken-Shampoo ist in einem verschlossenen Behälter an einem kühlen, trockenen Ort gelagert ein Jahr lang haltbar.

3. Wenn Du ein Gefäß mit einem Lochdeckel verwendest, kannst Du das Pulver einfach je nach Bedarf direkt aufs Haar geben! Alternativ tauchst Du einen Schminkpinsel oder einen sauberen Pinsel hinein und bürstest das Pulver in Richtung des Haaransatzes, bis nichts mehr davon zu sehen ist.

DARUM WIRKT'S

Dieses natürliche Pulver enthält weder Alkohol noch Trocknungsmittel, die viele im Laden gekaufte Trocken-Shampoos enthalten. Da die Kopfhaut empfindlich sein kann, können die verschiedenen Chemikalien das noch verschlimmern. Durch ein Trocken-Shampoo kannst Du Deine Haarwäsche um ein oder zwei Tage hinauszögern. Das bedeutet, dass Du mit der Zeit Deine Haare immer seltener waschen musst, wodurch eine natürliche Balance der Fettproduktion Deiner Kopfhaut erreicht wird.

BADEZUSÄTZE

Ich bade eigentlich nur im Winter. Falls ich dann also mal bade, lege ich mich so richtig ins Zeug. Denn wenn ich schon sage: „Ich glaube, ich brauche ein Bad“, dann ist das normalerweise eher ein psychisches, als ein physisches Bedürfnis. Bei den folgenden Rezepten geht es daher auch darum, eine Atmosphäre der Entspannung zu schaffen. Also genieße es zunächst, die Badezusätze herzustellen, um danach im warmen, herrlich duftenden Wasser zu versinken und zu entspannen!

BADE-SALZ

ergibt ca. 400 g, ausreichend für etwa 20 Bäder

- **4 oder 5 unbehandelte Blütenköpfe, die ihre beste Zeit hinter sich haben** *(z. B. aus dem Garten oder vom Balkon)*
- **350–400 g grobes Meersalz, Bittersalz (Magnesiumsulfat) und/oder rosa Himalaya-Salz** *(das wäre das Traum-Trio, es müssen aber nicht alle drei sein)*
- **8–9 Trp 100 % natürliches ätherisches Öl nach Wahl** *(z. B. Orange, Rose, Geranium oder Lavendel)*

- **1 großes Deckelgas – z. B. ein großes Gurken- oder ein hübsches Einmachglas**

Bade-Salz gibt es schon ewig, aber es wird oft nicht so wertgeschätzt, wie es das verdient hätte. Mit dem Körper in ein warmes Bad aus Wasser und Salz einzutauchen, ist nachweislich eine der besten Methoden, um sich nach einem langen Tag zu erholen. Dieses gesundheitsfördernde Ritual entspannt die Muskeln, gibt der Haut Feuchtigkeit, entgiftet den Körper und kann Schwellungen, z. B. in Gelenken, lindern. Die Geschichte hinter unseren Bade-Salzen spiegelt genau das wider, worum es bei uns geht. Unser Lagerhaus befindet sich in einem Gewölbe unter der Eisenbahn und alle unsere Nachbarn sind Blumenhändler. Mit der Zeit habe ich bemerkt, dass jede Woche am selben Tag die Mülltonnen vor jedem Gewölbe voll von noch richtig schönen Blumen sind. Lauter Blumen, die in der vorigen Woche nicht verkauft werden konnten, aber nun nicht mehr ausreichend haltbar waren, um weiter verkauft zu werden. Also habe ich alle meine Nachbarn gefragt, ob sie bereit wären, die ungeliebten Stängel stattdessen uns zu überlassen. Und dies war der Startschuss für unsere Bade-Salze. Das Ergebnis haben wir ein Jahr später auf den Markt gebracht! Und dies ist unser Rezept für Dich …

1. Trenne die Blütenblätter von ihren Knospen/Stielen. Breite sie auf einem Backblech aus und lasse sie im Backofen bei sehr niedriger Hitze (unter 100 °C) für etwa 20 Minuten trocknen. Sie sind fertig, wenn sie rascheltrocken sind. Die Idee ist, alle Feuchtigkeit aus den Blättern zu entfernen. Sie sollten eine etwas dunklere Farbe als ihren ursprünglichen Farbton annehmen (aber nicht braun oder schwarz). Die trockenen Blütenblätter in kleine Flöckchen zerbröseln.

2. Mische die Salze in einer Schüssel, bevor Du die ätherischen Öle und Blütenblätter hinzufügst. Fülle alles in ein Gefäß Deiner Wahl um.

3. Pro Vollbad nimmst Du etwa zwei gehäufte Esslöffel Bade-Salz. Genieße es!

TIPP

Bade-Salze sind ein tolles Geschenk. Verwende dafür ein schönes Glas und male es in den Lieblingsfarben des Beschenkten oder in einer zu seinem Badezimmer passenden Farbe an.

DARUM WIRKT'S

Die Kombination der drei hier vorgeschlagenen Salze bereitet das belebendste Badeerlebnis. Die Makromineralien und Spurenelemente der Salze sind wichtig für unsere Gesundheit und können während eines warmen Bades sogar in den Blutkreislauf aufgenommen werden, wodurch sie den gesamten Körper ausgleichen. Für 15–20 Minuten in diese warme Salzlösung einzutauchen, kann die Barrierefunktion der Haut verbessern, ihr Feuchtigkeit zurückgeben und entzündungshemmend wirken.

BADE-BOMBEN
drei Variationen

für 3 Badekugeln

90 g oder 6 EL Natriumbikarbonat *(Backnatron)*
45 g oder 3 EL Zitronensäure
30 g oder 3 EL Maisstärke *(Speisestärke)*
45 g oder 3 EL Bittersalz *(Magnesiumsulfat)*
2 EL Oliven- oder natives Kokosöl
Glimmer-Farbpulver *(Mica Powder)* **in Deiner Lieblingsfarbe** *(falls das zu aufwändig ist: Lebensmittelfarbe erfüllt die Aufgabe genauso gut – einfach ein paar Tropfen pro Bombe)*, **optional**

Für Zitrus-Bade-Bomben:
3 Trp 100 % natürliches ätherisches Orangen-Öl oder das Orangenschalen-Öl von Seite 135
1 Bio-Mandarine, Schale

Für Lavendel-Bade-Bomben:
3 Trp 100 % natürliches ätherisches Lavendel-Öl
5–10 Lavendelblüten

Für Rosen-Bade-Bomben:
3 Trp 100 % natürliches ätherisches Rosen-Öl
5–10 welke Bio-Rosenblütenblätter, im Ofen getrocknet

Silikonformen für Badekugeln *(siehe Tipp)*

Wer liebt keine Bade-Bomben?! Die Düfte, die Farben und sogar das Geräusch, wenn sie sich in ein Nichts auflösen, und die Schönheit der Blütenblätter, die danach auf dem Wasser treiben, befriedigen alle Sinne und Dein Badeerlebnis wird durch sie wirklich aufgewertet. Ich liebe dieses kleine Badekugel-Trio; sie sehen wunderschön aus und sind auch ein super einfaches Geschenk. Wähle entweder Deine Lieblingsnote oder mach alle drei.

1 Vermische in einer Schüssel Backpulver mit Zitronensäure, Speisestärke und Bittersalz.

2 Vermenge in einer kleineren Schüssel das Oliven- oder das geschmolzene Kokosöl mit dem ätherischen Öl und der Lebensmittelfarbe, sofern verwendet.

3 Vermische behutsam die feuchten mit den trockenen Zutaten. Wenn Du Glimmerpulver zum Färben nimmst, füge es nun hinzu. Falls die Mischung noch zu trocken ist (sie sollte ein wenig klumpig sein), tröpfle noch etwas Wasser hinein und rühre es rasch unter, da die Mischung ja stark sprudelt, wenn sie mit Feuchtigkeit in Berührung kommt.

4 Falls Du Zitrusschale verwendest, lege einige Stücke davon in die Formen und drücke sie ganz flach, damit sie später auf der Oberfläche der Badekugel sind. Blütenblätter kannst Du in der Schüssel mit den übrigen Zutaten vermischen.

5 Wenn Du unterschiedlich farbige Kugeln herstellen möchtest, dann teile jetzt die Mischung in drei Teile und färbe sie unabhängig voneinander.

6 Befülle die Formen mit der Mischung und versuche sie, so gut es möglich ist zu verdichten. Wenn Du dazu eine Eiswürfelform verwendest, glätte die Oberfläche mit der Rückseite eines Löffels.

7 Lass die Mischung drei bis sechs Stunden aushärten.

8 Löse die Badebomben vorsichtig aus den Formen – und schon sind sie einsatzbereit! Lagere sie an einem trockenen Platz, so halten sie bis zu sechs Monate.

9 Gib pro Bad eine Bade-Bombe ins warme Wasser.

TIPP

Große Eiswürfelbehälter aus Silikon, Muffinförmchen, Joghurtbecher oder Ausstechformen sind dafür auch geeignet. Du musst nur sicherstellen, dass die Mischung richtig gut hineingedrückt wird, damit Deine Bade-Bomben ihre Form behalten.

SALBEI-BADE-ÖL

Das Aroma von ätherischen oder duftenden Ölen wirkt viel stärker in warmem Wasser. Es ist fast so, als würde man an einem Blumenstrauß schnuppern. Von Kräuterduft bekomme ich sofort Spa-Vibes! Ich habe Salbei im Garten, also mache ich mein Öl aus jenen Blättern, die ich nicht mehr zum Kochen verwenden würde. Wenn Du keinen Salbei magst, kannst Du hierfür auch ein anderes selbst gemachtes Öl verwenden wie das Aprikosenkern-Öl (Seite 136), das Orangenschalen-Öl (Seite 135), das Zitronenschalen-Öl (Seite 134) oder das Minz-Öl (Seite 132). Alternativ kannst Du zum Baden auch Dein bevorzugtes ätherisches Öl mit einem Trägeröl nach Wahl mischen (siehe Hinweise auf Seite 102).

ergibt 75 ml, ausreichend für etwa 15 Bäder

5–20 verwelkte Salbeiblätter
75 ml Oliven- oder Mandelöl

1 hitzebeständiges Glas
1 Kochtopf
1 feinmaschiges Sieb oder ein Stück Musselin *(Käsetuch)*
1 Glasflasche oder -gefäß mit Deckel

TIPP

Schließe vor der Ölzugabe ins Wasser die Badezimmertür, damit Du vom Duft so viel in der Nase und im Raum behältst wie möglich.

1 Die Salbeiblätter sollten vor der Verwendung sauber und frei von Schmutz und Ablagerungen sein. Spüle sie vorsichtig unter kaltem Wasser ab und tupfe sie trocken. Lass sie einige Stunden welken, um ihren Wassergehalt zu reduzieren, denn diese Feuchtigkeit kann dazu führen, dass das Öl schneller verdirbt.

2 Gib die welken Salbeiblätter in das hitzebeständige Glas und übergieße sie mit dem Öl; es sollte genug sein, um sie vollständig zu bedecken. Rühre die Mischung vorsichtig um, um eventuelle Luftblasen zu entfernen.

3 Stell das Glas in einen Kochtopf und gieße so viel Wasser an, bis das Glas etwa zur Hälfte darin steht. Achte darauf, dass kein Wasser ins Öl kommt, und erhitze den Topf auf der niedrigsten Stufe. Erwärme das Öl ein bis zwei Stunden darin, aber kontrolliere regelmäßig, ob das Öl nicht zu heiß wird – es darf keinesfalls köcheln.

4 Danach lässt Du das Öl abkühlen und seihst es in eine saubere, trockene Schüssel ab. Dadurch werden die Salbeiblätter und ein eventueller Bodensatz aufgefangen, so dass Du ein klares, aromatisches Salbei-Öl erhältst.

5 Fülle das selbst gemachte Duftöl in ein sauberes, luftdicht schließendes Gefäß (Glas oder Flasche). Lagere es an einem kühlen, dunklen Ort, z. B. im Küchen- oder Badezimmerschrank, so hält es mehrere Monate. Prüfe aber vor jeder Verwendung, ob es noch gut und noch nicht ranzig geworden ist.

6 Für ein Bad, lass warmes Wasser in die Wanne laufen und träufle fünf Tropfen Deines Badeöls hinein. Leg Deine Lieblingsmusik auf, lehn Dich zurück und genieße Dein Duftbad!

Baden in ätherischen Ölen

Das Grundprinzip bei der Zugabe von ätherischen Ölen in ein Bad ist die Auswahl der jeweiligen Note aufgrund ihrer Eigenschaften und ihres Duftes, dann fügst Du das Trägeröl Deiner Wahl hinzu. Unsere Empfehlung ist, hier ein leichtes Basisöl zu verwenden wie Mandel-, Jojoba-, Traubenkern- oder sogar einfaches Olivenöl. In der Regel benötigst Du je nach Intensität und Qualität des ätherischen Öls drei bis sechs Tropfen, die Du mit einem Esslöffel Trägeröl nach Wahl mischst und für Dein Vollbad verwendest. Von den stärker riechenden Ölen wie Eukalyptus, Pfefferminze, Lorbeer, Basilikum, Limette, Zitrone, Thymian und Rosmarin reichen meist drei Tropfen. Bitte beachte, dass für Schwangere oder Allergiker manche dieser Öle verboten sind.

DARUM WIRKT'S

Salbei hat mehr Spa-Charakter als jedes andere Öl, und Du hast es verdient, Dich so zu fühlen, als ob Du ein Bad in einem Spa nimmst!

EINFACHES MASSAGE-FUSSBAD

für ca. 230 ml

5 Trp Salbei-Bade-Öl *(siehe Seite 100)* **oder eine Mischung aus Deinem bevorzugten reinen, ätherischen Öl mit einem Trägeröl**

genügend glatte Kieselsteine, damit der Boden Deiner gewählten Wanne bedeckt ist *(siehe Tipp)*

1 Schüssel oder Wanne, groß genug, um Deine Füße darin einzuweichen, z. B. Abwaschschüssel

Auch die Füße brauchen Liebe! Ein tolles Rezept für alle, die ihre Füße so verwöhnen wollen, wie sie verwöhnt werden sollten.

1 Stelle Dein eigenes Salbei-Bade-Öl her wie auf Seite 100 beschrieben.

2 Vergewissere Dich, dass die Kieselsteine sauber sind. Lege sie in die Wanne oder Schüssel Deiner Wahl und fülle diese mit warmem Wasser. Füge das Öl hinzu und bewege das Wasser kurz, damit es sich darin verteilt.

3 Weiche zunächst Deine Füße ein paar Minuten im Wasser ein. Bewege sie dann auf den Kieselsteinen hin und her.

4 Entspanne Deine Füße im Wasser, so lange Du magst. Ich mache das normalerweise 20–30 Minuten lang! Dieses Mini-Ritual zur Selbstfürsorge führe ich gerne vor einem Urlaub durch.

TIPP

Murmeln sind ein guter Ersatz, wenn Du keine Kieselsteine hast.

DARUM WIRKT'S

Diese Massage fühlt sich wunderbar an und Du wirst schnell spüren, wie alle Deine Reflexzonen durch sie stimuliert werden.

WOHNEN UND WÄSCHE

Viele Produkte für den Haushalt sind oft teuer, dabei sind sie unglaublich einfach selbst aus Dingen herzustellen, die Du bereits hast – wie Blütenblätter! Blumen wegzuwerfen, nur weil sie schon ein wenig „traurig“ aussehen, macht mich traurig. Also finde ich immer einen Weg, sie noch zu nutzen, nachdem sie zu welken beginnen und verblassen. Viele der Rezepte in diesem Abschnitt eignen sich auch hervorragend als kleine Geschenke – sie besitzen einen echten „Wow“-Faktor, brauchen aber nur fünf Minuten, bis sie fertig sind!

WÄSCHEDUFT

für 1 Säckchen

1 Blumenstrauß, dessen beste Zeit vorüber ist
4 EL Reis oder Kaffeebohnen
5–10 Trp Deines bevorzugten reinen, ätherischen Öls *(siehe Tipp)*

1 kleiner Stoffbeutel mit Kordelzug

Schnuppere Rosen – und Kaffee – und was immer Dir gefällt! Dieser supereinfache Schubladenduft ist eine tolle Möglichkeit, Deine Kleidung länger frisch riechen zu lassen. Und es geht nicht nur um Deine zusammengelegte Wäsche, Du kannst damit auch Deine Klamotten auf dem Bügel beduften – binde dazu einfach die Schnüre des Beutels über der Kleiderstange in Deinem Kleiderschrank zusammen.

1 Zupfe die Blütenblätter ab, verteile sie auf einem Backblech und lass sie im Backofen bei sehr geringer Hitze (unter 100 °C) etwa 20 Minuten trocknen. Sobald sie rascheln, sind sie genug getrocknet. Es sollte keine Feuchtigkeit mehr in den Blütenblättern enthalten sein.

2 Gib Reis oder Kaffeebohnen in eine Schüssel und füge ein ätherisches Öl nach Wahl hinzu. Lass das Öl vollständig in den Reis oder Kaffee einwirken, bevor Du es in den Stoffbeutel füllst. Die Mischung darf sich nicht feucht anfühlen oder nass aussehen.

3 Gib die getrockneten Blütenblätter dazu und schüttle dann den Beutel ein wenig. Ziehe den Beutel mit den Schnüren fest zu, um ihn zu verschließen, lege ihn in Deine Schublade oder hänge ihn an Deine Kleiderstange im Schrank. Sobald der Duft nachlässt, kannst Du einfach wieder ein paar Tropfen ätherisches Öl zum Reis oder Kaffee geben.

TIPPS

A *Wenn Du Reis verwendest, sind im Prinzip alle Duftöle gut geeignet. Der Reis ist hier einfach eine neutrale Basis, um den Duft zu speichern, den Du hinzufügst. Kaffeebohnen haben ein starkes Eigenaroma, wähle daher also ein Öl, das gut zu Kaffee passt, z. B. Zimt, Pfefferminz, Orange, Ingwer, Kardamom oder Lavendel.*

B *Gebrauchte Schwarztee-Beutel sind übrigens zur Geruchsneutralisierung überall bei Dir zu Hause ebenfalls gut geeignet. Gib einfach die getrockneten gebrauchten Teebeutel in ein Netz oder einen Gazebeutel und platziere diesen hinten in Deinem Kühlschrank, im Auto oder wo auch immer! Ich verwende vier bis fünf Teebeutel pro Netz und ersetze sie alle fünf Tage.*

REINIGUNGSSPRAY
mit Zitrusfrüchten

ergibt 200–300 ml

Schalen von ca. 5 Zitrusfrüchten – Zitronen, Limetten, Grapefruits, Orangen oder eine Kombination davon!
200–300 ml heller Weinessig
2–3 vertrocknete Rosmarinzweige, optional

1 Glasgefäß mit gut schließendem Deckel – Einmachgläser funktionieren gut, da sie eine Gummidichtung unter dem Deckel haben
1 feinmaschiges Sieb
1 Sprühflasche, z. B. eine wiederverwendete leere Flasche mit Sprühaufsatz

Wenn das Leben Dir Zitronen gibt… mach einen natürlichen Allzweckreiniger daraus! Wenn Du frischen Grapefruitsaft ausgepresst oder viele Orangen oder Mandarinen gefuttert hast, wirf die Schalen nicht weg. Dieser Spray funktioniert gut auf Oberflächen in Küche und Bad, weil die Natursäure des Essigs Schmutz und Fett zersetzt, während die Zitrusfrüchte Gerüche neutralisieren und antibakterielle Eigenschaften haben.

1 Lege alle Zitrusschalen ins Glas und übergieße sie mit dem Essig. Die Schalen sollten gut davon bedeckt sein, damit sie nicht zu schimmeln anfangen. Verschließe das Glas und lass es zwei bis drei Wochen an einem sonnigen Ort stehen.

2 Seihe die Flüssigkeit ab und fülle sie in die Sprühflasche um. Wenn der Essiggeruch unangenehm für Dich ist, gib ein paar Rosmarinzweige dazu. Sollte noch Platz in der Sprühflasche sein, kannst Du sie auch mit Wasser auffüllen, um den Duft zu verdünnen. Bei Zimmertemperatur ist der Spray drei Monate haltbar.

3 Sprühe den Zitrusreiniger einfach auf die Oberflächen und wische sie ab.

DARUM WIRKT'S

Essig ist ein hervorragendes Desinfektionsmittel und die meisten Zitrusfrüchte besitzen sowohl antibakterielle als auch antimikrobielle Eigenschaften.

ALLZWECK-REINIGER

Die unendlich vielen Verwendungsmöglichkeiten von Reiswasser

Bevor wir uns damit befassen, möchte ich zunächst sagen, dass ich weiß, dass man nicht viel Wasser bei der Reiszubereitung übrighaben sollte. Aber seien wir ehrlich: Es kann schwierig sein, den Reis immer zu 100 % in der vorgesehenen Zeit zu garen. Ich war immer schon ein bisschen unfähig, Verhältnisse und Mengen richtig einzuschätzen – dazu kommen noch je nach Reissorte, Stärkegehalt verschiedene andere Faktoren und somit ist Reis zu kochen weit entfernt von einer exakten Wissenschaft. Wenn Du also noch Reiswasser nach dem Kochen übrig hast oder jemand bist, der Reis wegen möglicher Schadstoffe lieber in mehr Flüssigkeit garen möchte, dann zeige ich Dir hier drei verschiedene Arten, um das Kochwasser im Haus zu verwenden, statt es einfach wegzuschütten.

Du kannst damit Dein Geschirr spülen – Reiswasser eignet sich hervorragend zum Abbau von Fetten und Ölen.
Poliere damit Deine Gläser oder Spiegel – Reiswasser ist stärke- und leicht säurehaltig, es wirkt daher gut bei Schlieren und milchigem Glas.
Verwende es zum Gießen Deiner Pflanzen - die Stärke im Reiswasser versorgt die Pflanzen mit Kohlenhydraten, die sie in der Zellmembran speichern, bis sie zur Energiegewinnung verwendet werden. Es fördert auch die guten Mikroorganismen im Boden und wirkt als biologischer Schädlingsbekämpfer. Du kannst es von oben aufsprühen, den Boden damit wässern oder die Pflanzen damit gießen.

Und Reiswasser ist nicht nur im Haushalt nützlich – es kann auch zu einem wertvollen Werkzeug in Deinem Beauty-Kit werden:

Nutze es wie einen Cleanser und spüle es dann ab – Reiswasser kann helfen, Pickel in Schach zu halten. Außerdem enthält es viele Antioxidanzien, die die Elastizität Deiner Haut bewahren können.
Verwende es als Haarspülung – so eine Reisspülung hat vor allem Vorteile für Menschen mit Locken, denn sie springen danach noch besser. Reiswasser enthält auch B-Vitamine und Vitamin E, die dem Haar Glanz und Stärke verleihen sowie Bruch und Spliss verhindern.

TEXTILERFRISCHER AUS FESTEM HAAR-CONDITIONER

Reste von festem Haar-Conditioner

1 Sprühflasche

Wenn Du dieses Buch gekauft oder geschenkt bekommen hast, ist die Wahrscheinlichkeit groß, dass Du festen Conditioner schon kennst oder sogar verwendest. Das Rezept ist ähnlich wie der Make-up-Pinselreiniger aus Seifenresten von Seite 120, es nutzt hier aber die Reste einer festen Haarspülung im Gegensatz zu einer Seife oder einem festen Shampoo. Die Wirkung auf Stoff ist ähnlich wie die auf Dein Haar; er wird weich und die Spülung hinterlässt einen zarten, frischen Duft.

1 Löse einfach die Conditioner-Reste mit warmem Wasser in einer Schüssel auf. Als Richtwert sind es neun Teile Wasser auf einen Teil Conditioner. Lass es so lange stehen, bis sich die Reste darin aufgelöst haben. Je nach Marke der Spülung, musst Du die Mischung dafür etwas erwärmen, entweder 20 Sekunden in der Mikrowelle oder über dem heißen Wasserbad.

2 Sobald die Mischung fertig ist, füll sie in eine Sprühflasche um und tobe Dich aus – ich sprühe es auf mein Sofa, meine Decken, Bettlaken, auf Gäste-Handtücher – wo immer Du magst!

KAMILLEN-KISSEN-SPRAY

ergibt 250 ml

3–4 gebrauchte Kamillenteebeutel
250 ml Wasser, idealerweise gefiltert oder destilliert
1 EL Hamameliswasser
5–6 Trp 100 % natürliches, ätherisches Echtes Lavendel-Öl oder ein anderes mit beruhigender Wirkung

1 Kochtopf
1 Sprühflasche

TIPP

Bevor Du das Kissen-Spray verwendest, prüfe es auf einem kleinen Bereich des Kissens, damit es nicht zu Verfärbungen kommt oder sich Flecken bilden (obwohl dies bei Kamille und Lavendel unwahrscheinlich ist).

Ich habe so viele Freunde und Verwandte wie möglich gefragt, um zu erfahren, wie lange sie ihren Tee vor dem Trinken ziehen lassen. Die durchschnittliche Zeit war eineinhalb Minuten, wobei viele Leute sagten, dass sie ihren Teebeutel für weniger als 60 Sekunden in das Wasser legen. Das bedeutet, dass noch viel Gutes in den Kräutern oder Blüten im Teebeutel enthalten ist. Machen wir uns das also zunutze! Gönne Dir eine ruhige und nachhaltige Nacht mit diesem Kamillen-Kissen-Spray aus gebrauchten Kamillenteebeuteln. Kamille ist bekannt für ihre besänftigende entspannende Wirkung. Das macht sie zum perfekten natürlichen Hilfsmittel, um sich zu entspannen und auf eine erholsame Nachtruhe vorzubereiten.

1. Vergewissere Dich, dass die Teebeutel richtig trocken sind. Du kannst sie ein paar Stunden an der Luft trocknen lassen oder 20–30 Minuten im Backofen bei sehr geringer Hitze (unter 100 °C), um den Prozess zu beschleunigen.

2. Bring das Wasser in einem kleinen Topf bei mittlerer Hitze zum Kochen. Sobald es aufkocht, schalte den Herd aus und gib die getrockneten Kamillenteebeutel hinein. Lass sie 10–15 Minuten ziehen, damit die Kamillenwirkstoffe ins Wasser übergehen können. Wenn Dir ein stärkerer Duft lieber ist, lass sie ein bisschen länger ziehen.

3. Entferne dann die Teebeutel und lass den Aufguss auf Zimmertemperatur abkühlen.

4. Gib das Hamameliswasser in die abgekühlte Flüssigkeit. Es hilft, das ätherische Öl besser zu verteilen und macht den Spray auch länger haltbar.

5. Tropfe das ätherische Öl hinein und fülle die Flüssigkeit vorsichtig in die Sprühflasche. Schüttle sie etwas, damit das ätherische Öl gut verteilt wird. Verwende das Spray innerhalb von vier bis sechs Wochen, so kommt der Duft am besten zur Geltung.

6. Sprühe kurz vorm Schlafengehen einen leichten Duftnebel auf Dein Kopfkissen und Dein Bettzeug. Atme tief durch und genieße den beruhigenden Duft von Kamille und Lavendel.

DARUM WIRKT'S

Die Kamille ist für ihre beruhigende Wirkung bekannt und hilft, Stress und Ängste abzubauen, was die Entspannung vor dem Schlafengehen fördert. Ihr beruhigendes Aroma kann die Schlafqualität verbessern und zu einem erholsameren Schlaf beitragen. Der entspannende Duft von Lavendel ergänzt die Kamille ideal. Wenn Du Dein eigenes Kissen-Spray herstellst, kannst Du sicher sein, dass es frei von schädlichen Chemikalien und synthetischen Duftstoffen ist, die häufig in kommerziellen Produkten enthalten sind. In unserem Kamillen-Gesichtswasser verarbeiten wir beispielsweise nur die reinen Pflanzenstängel!

DUFTKERZEN

für 1 Kerze

180 ml Sojawachs
2 TL Gewürzreste nach Wahl, fein gemahlen *(wähle die ergänzenden Öle so aus, dass sie gut dazu passen, z. B. Zimt- oder Ingwer-Öl eignen sich hervorragend bei jeder Gewürzkombination)*
ca. 10 Trp 100 % natürliches ätherisches Öl nach Wahl, je nach Intensität auch weniger
ca. 10 getrocknete Blütenblätter, optional *(siehe Seite 106 zur Trocknung von Blütenblättern)*

1 leeres mittelgroßes Marmeladenglas
1 Schnur, die als Docht dienen kann – oder Du kaufst Kerzendochte, sie sind nicht allzu teuer
1 Metallschüssel und 1 Kochtopf für ein Wasserbad oder 1 doppelwandiger Topf
Wäscheklammern

Ein sehr beliebtes Produkt in unserem Sortiment ist die Chai-Latte-Kerze, die aus Sojawachs hergestellt und upgecycelten Chai-Gewürzen gemacht ist. Zu Chai-Gewürz gehören Fenchel, Kardamom und Piment, Sternanis, Muskatnuss, Gewürznelke und Ingwer. Der Chai-Hersteller, mit dem wir zusammenarbeiten, bezieht seine Bio-Gewürze aus der ganzen Welt. Er brüht sie mit heißem Wasser auf, um danach einen Chai-Sirup herzustellen, den er an Gaststätten verkauft. Aber die köstlichen Gewürze bleiben übrig – und da müssen wir einspringen und sie retten! Wir trocknen die Gewürze und mahlen sie zu einem unglaublich aromatischen Pulver.

Wenn Du selber Chai zubereitest, kannst Du die folgenden Schritte im kleineren Maßstab nachvollziehen. Aber es muss ja nicht gleich Chai sein, ähnliche Gewürze werden auch Glühwein zugesetzt! Hebe also die dafür genutzten Gewürznelken und Zimtstangen auf, trockne sie und zermahle sie zu einem würzigen, reichhaltig duftenden und fruchtigen Pulver (durch den Wein und die Orangen). Und es gibt hierfür nicht nur Gewürze – auch getrocknete, verwelkte Blütenblätter sind eine gute Basis und passen wunderbar zu jedem Blütenöl wie Rose, Patchouli oder Ylang-Ylang.

Das Ganze ist ein völlig kreativer, experimenteller Prozess; Du kannst mit Farben und Duftkombinationen herumspielen und sogar Beigaben im Wachs verteilen oder mithilfe von Gussformen Kerzen in verschiedenen Formen herstellen. Das sind tolle Geschenke, besonders zu Weihnachten, und Du kannst viele auf einmal machen. Ganz easy!

1 Bereite zunächst die Gläser vor: Platziere den Docht aufrecht im Glas, er muss sich in der Mitte des Gefäßes befinden. (Dazu brauchst Du keinen Kleber, die meisten gekauften Dochte sind bereits mit einem kleinen Metallzylinder versehen, der zur Stabilisierung beiträgt). Der Docht sollte dabei 10 cm über die obere Glaskante überstehen, wie auf der nebenstehenden Abbildung zu sehen ist.

2 Fülle den Topf etwa 5 cm hoch mit Wasser und bringe es bei mittlerer Hitze zum Köcheln. Stelle nun die hitzebeständige Schüssel so auf den Kochtopf, dass sie fest darauf sitzt, ohne das Wasser zu berühren. Gib das Wachs in die Schüssel, rühre vorsichtig um und lass es etwa fünf Minuten schmelzen.

weiter auf Seite 117 →

3 Nimm die Schüssel vom Topf und gib etwa Dreiviertel des Gewürzpulvers mit dem ausgewählten ätherischen Öl dazu. Wenn Du Blütenblätter verwendest, kannst Du sie ebenfalls hinzufügen – ich empfehle aber, sie in kleinere Stücke zu reißen und sie sparsam ins Wachs zu streuen, damit sie sich nicht im geschmolzenen Wachs sammeln und die Flamme zerstören.

4 Gieße die Mischung vorsichtig in das vorbereitete Gefäß. Damit der Docht im geschmolzenen Wachs nicht für immer verloren geht, fixierst Du ihn mit einer Wäscheklammer, die oben auf dem Glasrand liegt und den Docht aufrecht hält, bis das Wachs ausgehärtet ist.

5 Lass alles über Nacht fest werden.

6 Sobald das Wachs fast fest sind, streue den Rest der Zutaten darauf. Schneide zum Schluss den Docht auf die gewünschte Länge herunter und die Kerzen sind bereit für ihr neues Zuhause!

TIPP

Wenn Du vier oder fünf Reste Deiner selbst gemachten Kerzen hast, wirf sie nicht weg – kombiniere sie einfach zu neuen! Stelle alle Gläser in einen Kochtopf und gieße so viel Wasser zu, bis es auf halber Höhe der Gläser ist (wie bei einem Wasserbad). Erhitze den Topf bei mittlerer Hitze, bis das Wachs schmilzt. Entferne die alten Dochte, gieße das Wachs in ein neues Glas mit vorbereitetem Docht (oder in Dein benutztes Lieblings-Kerzenglas) und voilà – eine neue Kerze, gemacht aus alten Kerzen!

DARUM WIRKT'S

Und zwar direkt in Deinem Geldbeutel, denn Duftkerzen selber zu machen ist ein absolutes Schnäppchen im Vergleich zu den teuren Preisen der meisten Kerzen, die es zu kaufen gibt.

NATÜRLICHER DUFTDIFFUSOR

aus Zweigen

für 1 Diffusor

8 EL Mandelöl

1 EL Wodka

15–30 Trp 100 % natürliche ätherische Öle, je nach Intensität und Wirkung *(kombiniere ganz nach Deinem Geschmack – einige meiner Favoriten sind Bergamotte, Jasmin, Ylang-Ylang, Lavendel und Geranium)*

1 kleines Bündel von Zweigen *(siehe nebenstehender Text)*

1 Glasflasche mit engem Hals *(verhindert, dass die Flüssigkeit zu schnell verdunstet)*

1 Band oder 1 Schnur zum Verzieren der Flasche, optional *(Naturschnur sieht besonders gut aus mit Naturzweigen/Kiefernnadeln)*

DARUM WIRKT'S

Zweige und Stängel ziehen Flüssigkeit auf natürliche Weise nach oben und eignen sich daher perfekt zum Verteilen des Dufts im Raum Deiner Wahl.

Schilfrohr-Diffusoren sind entweder preiswert, aber krankhaft süß und künstlich riechend. Oder sie sind unglaublich teuer und dafür mit natürlichen, gut gemischten Düften angereichert. Es gibt ein paar Rezepte in diesem Buch, in denen die Blütenblätter von Blumen verwendet werden, die ihre beste Zeit hinter sich haben. Von einigen kannst Du die stabilen Stängel anstelle des Schilfrohrs für unseren Öl-Diffusor verwenden. Alternativ kannst Du auch in Deinen Garten gehen oder im örtlichen Park ein paar dünne Zweige suchen! Manche funktionieren besser als andere, hier steht, worauf Du achten solltest:

→ *Stängel von verblühten mehrjährigen Pflanzen wie Sonnenhut oder Mohn.*

→ *Lange, dünne, abgestorbene Zweige – brich also keine Äste ab oder ziehe irgendwas von irgendwas ab!*

→ *Sehr lange Kiefernnadeln, Bambuszweige oder anderes, leicht poröses Holz.*

1 Nachdem Du Deine Zweige gesammelt hast, lass sie zwei bis drei Tage trocknen oder gib sie für 30 Minuten bei geringer Hitze in den Backofen (unter 100 °C). Ziehe nach dem Trocknen die äußere Rinde ab, sofern das möglich ist.

2 Fülle Öl, Wodka und das/die ätherische/n Öl/e in die Flasche und rühre gut um, damit sie sich vermischen. Gib die Zweige in die Flasche, so dass alle in der Flüssigkeit stehen. Ich bewege in dieser Phase die Zweige ein wenig in der Flasche, um die Dinge etwas in Schwung zu bringen!

3 Stelle den Diffusor in den Raum Deiner Wahl und genieße seinen Duft! Nach zwei bis drei Wochen ist kaum ein Duft mehr wahrnehmbar, stelle dann die Zweige kopfüber wieder zurück in die Flasche. Es sollte ungefähr einen Monat halten, bevor Du das Öl und die Zweige ersetzen musst.

MAKE-UP-PINSELREINIGER

aus Seifenresten

Reste von Seifenstücken oder festen Shampoos

1 sauberes Mikrowellen-geeignetes Glas mit Deckel

Feste Seifen haben ein Comeback erlebt und ich bin begeistert. Sie werden nicht mehr als langweilig und altmodisch angesehen, sondern haben sich ihren wohlverdienten Ruf als erstklassige ethische Reinigungsmöglichkeit wieder zurückerobert. Sie sind reisefreundlich, langlebig, vielseitig und optisch ansprechend und sollten plastikfrei verpackt sein.. Das wirklich einzige Manko bei einem Seifenstück ist, dass die letzten Reste immer überall herumliegen, bevor sie schließlich in ganz kleine Stücke zerfallen. Wenn sie in diesem Zustand sind, wird es Zeit, sie als Reiniger für deine Make-up-Pinsel zu nutzen! Auch feste Shampoo-Reste lassen sich so verwerten.

1 Fülle Deine Seifenreste in ein geeignetes Glas und stell es in die Mikrowelle. Rühre im Abstand von 20-Sekunden-Schüben (ich verwende ein Essstäbchen) die Seife um, bis sie vollständig geschmolzen ist. (Wenn Dein Glas nicht für die Mikrowelle geeignet ist, gib die Seifenreste in eine dafür geeignete Schüssel und gieß die geschmolzene Seife danach in das Deckelglas.)

2 Decke das Glas mit einem Geschirrtuch ab oder lege den Deckel locker auf, damit kein Staub hineinkommen kann. Lass es so drei bis vier Stunden stehen.

3 Sobald die Seife fest ist, wirbelst Du Deine schmutzigen, mit warmem Wasser angefeuchteten Pinsel in der Seife herum, um sie zu reinigen, danach spülst Du sie einfach nur aus. Das ist alles! Schraube danach den Deckel wieder auf und stelle das Glas bis zur nächsten Pinselreinigung auf die Seite.

DARUM WIRKT'S

Die regelmäßige Reinigung Deiner Make-up-Pinsel ist wichtig für die Hygiene und einen optimalen Pinselzustand. Die Empfehlung lautet, die Schminkpinsel einmal pro Woche zu reinigen, aber ich würde lügen, wenn ich behaupte, dass ich es einmal im Monat mache ... Zu meiner Verteidigung sei gesagt, dass ich nur ein- bis zweimal pro Woche Make-up trage! Egal, wie oft Du dazu kommst, wenn Du Deine Pinsel reinigen willst, ist dies eine einfache Methode. Die meisten Seifenstücke werden ohne künstliche Duftstoffe hergestellt, wirken antimikrobiell, sind sulfatfrei und antibakteriell, so dass sie selbst hartnäckige Make-up-Reste entfernen, ohne die Pinselhaare zu beschädigen.

INSEKTEN-SPRAY

ergibt 150 ml

5 EL Wasser
5 EL Hamameliswasser
20 Trp 100 % natürliches ätherisches Eukalyptus-Öl
20 Trp 100 % natürliches ätherisches Zitronengras-Öl

1 Sprühflasche

Lass Dich nicht von Mücken oder Motten davon abhalten, ein Leben voller Abenteuer in der freien Natur zu genießen! Es wäre eine glatte Lüge, würde ich mich als großen Insekten-Fan bezeichnen. Aber ich möchte auch keine schrecklich giftigen Dämpfe versprühen, um die Flattertiere auf brutale Weise vollständig zu vernichten. Ich möchte sie abwehren, nicht auslöschen. Wenn Du das auch so siehst, dann probiere dieses Spray aus!

1 Mische einfach alle Zutaten zusammen und fülle Sie in eine Sprühflasche.

2 Trage das Spray sparsam auf die Haut auf. Keinesfalls auf Schnitte, Wunden oder gereizte Haut bringen und auch nicht auf die Bereiche um Augen, Mund oder Schleimhäute. Ich bevorzuge es, das Spray auf meiner Kleidung und in der Luft um mich herum zu verteilen, statt es direkt auf meine Haut zu geben.

DARUM WIRKT'S

Ich finde es ausgesprochen interessant, dass Zitronengras-Öl die Gerüche überdeckt, die für Insekten attraktiv sind. Aus diesem Grund stößt es sie nur ab, anstatt sie zu töten.

STOFF-FARBE

ausreichend für 1 Bett- und Kissenbezug oder 5 T-Shirts

3 kleine Rote Bete, geschält und in kleine Würfel geschnitten
1 großzügige Prise Salz

Für andere Farben:

Gelb – gelbe Zwiebelschalen
Orange – Karottenschalen oder Butternut-Kürbisschale
Blau – äußere Blätter von Rotkohl

1 Kochtopf
1 feinmaschiges Sieb
1 große Schüssel oder Schale zum Färben

Bei diesem Rezept geht es weniger um das Upcycling der Zutaten selbst, sondern mehr darum, alte Kleidung und Wäsche neu zu erfinden. Du kannst beispielsweise einen Satz etwas fleckiger oder vergilbter Servietten mit frischer Fuchsia-Farbe so verwandeln, dass sie fast wie neu aussehen!

1 Gib die Rote Bete oder eine andere farbige Zutat nach Wahl in den Topf und fülle ihn mit kochendem Wasser auf. Je mehr Wasser Du verwendest, desto weniger intensiv wird der Farbton werden. Wenn Du also nur ein T-Shirt tief einfärben möchtest, dann verwende nicht zu viel Wasser. Füge das Salz hinzu und bring das Wasser bei mittlerer Hitze zum Kochen. Lass es 30–40 Minuten weiter köcheln, bis die Flüssigkeit eine dunkelrote Farbe hat.

2 Gieße alles durch ein feinmaschiges Sieb in die Färbeschüssel oder ins Becken und lass es etwas abkühlen, bevor Du die zu färbenden Stücke darin mindestens drei Stunden einweichst.

3 Nimm sie danach aus dem Färbebad und drücke sie vorsichtig aus, um überschüssige Flüssigkeit zu entfernen. Lass die Stücke über Nacht abtropfen. Sobald sie gründlich getrocknet sind (ich lasse die Farbe normalerweise ein paar Tage einwirken, damit sie sich voll entfalten kann!), wasche die Stücke kurz von Hand mit kaltem Wasser oder in der Waschmaschine, damit sie später nicht abfärben.

ZITRONENSCHALEN-WC-DUFT

ergibt 80 ml

1 EL Natriumbikarbonat *(Backnatron)*
4 EL Weißweinessig
2 EL Wodka
15 Trp Zitronenschalen-Öl *(siehe Seite 134)*

1 Sprühflasche oder Pipettenflasche

Ich war in meinem Leben schon öfters mal in peinlichen Situationen, quer durch alle möglichen Bereiche. Aus diesem Grund versuche ich, mein Zuhause zu einem Ort zu machen, an dem Gäste alles haben, was sie brauchen, um kleine Peinlichkeiten zu vermeiden! Eine Fläschchen mit WC-Tropfen in der Toilette ist da ein perfektes Beispiel. Ein paar Tropfen in die Toilettenschüssel, bevor Du tust, was Du tun musst, helfen, Gerüche zu neutralisieren. Hier stellen wir eine Mischung aus dem selbst gemachten Zitronenschalen-Öl her, die ins WC getropft werden kann.

1. Stelle Dein selbst gemachtes Zitronenschalen-Öl her wie auf Seite 134 beschrieben.

2. Vermische das Natriumbikarbonat mit Essig und Wodka in einer Metallschüssel. Die Mischung wird ein wenig sprudeln. Rühre sie vorsichtig um, bis alles gut vermischt ist und das Sprudeln nachlässt.

3. Füge das Zitronenschalen-Öl hinzu und rühre es gründlich und gleichmäßig unter. Fülle die Mischung vorsichtig in eine Sprühflasche oder eine Flasche mit Pipette.

4. Die Tropfen sind sechs Monate haltbar, aber in den ersten drei Monaten am wirksamsten.

5. Schüttle die Flasche gut vor jedem Gebrauch. Gib etwa fünf Tropfen nach der Spülung in die Toilettenschüssel.

TIPP

Beschrifte Deine selbst gemachten Produkte immer klar und deutlich und halte sie außerhalb der Reichweite von Kindern und Haustieren.

DARUM WIRKT'S

Dieses Zitronenschalen-Öl hat nicht nur einen angenehmen Duft, sondern es besitzt auch natürliche desodorierende Eigenschaften.

HAND-DESINFEKTION
aus Apfelresten

für 75 ml

5–6 Apfel-Kerngehäuse *(wenn Du der einzige Apfelesser im Haushalt bist, kannst Du sie nach und nach einfrieren, bis Du genug hast; lass sie dann einfach an dem Tag auftauen, an dem Du die Zubereitung des Desinfektionsmittels geplant hast)*
4 EL hochprozentiger Wodka oder Isopropyl-Alkohol *(mindestens 70 Vol.-%)*
1 EL Aloe-Vera-Gel – siehe Seite 139, wie man Aloe-Gel aus einem Blatt gewinnt
5–6 Trp 100 % natürliches ätherisches Teebaum-Öl

1 Glasgefäß oder Flasche mit passendem Deckel
1 feinmaschiges Sieb
1 kleine Schale
1 kleine Glasflasche mit Pumpaufsatz

Die Haut um meine Augen und an meinen Händen neigt zu Ekzemen, und meine Hände waren noch nie gut auf die üblichen Desinfektionsmittel zu sprechen, die auf dem Markt sind. Ich bin kein alltäglicher Hände-Desinfizier-Typ, aber auf ein Musikfestival oder wenn ich viel mit öffentlichen Verkehrsmitteln unterwegs bin nehme ich auf jeden Fall eine Flasche hiervon mit.

1 Entferne zunächst alle Kerne und Stiele von den Apfelresten. Schneide die Kerngehäuse in kleinere Stücke oder zerkleinere sie kurz in einem Mixer.

2 Gib die zerhackten Kerngehäuse in ein sauberes Glas oder in eine saubere Flasche und bedecke sie mit Wodka oder Isopropyl-Alkohol. Vergewissere Dich, dass der Alkohol vollständig über den Apfelstücken steht. Verschließe das Glas oder die Flasche fest mit einem Deckel.

3 Lass die Apfelstücke mindestens 24 Stunden im Alkohol ziehen. Während dieser Zeit extrahiert der Alkohol die antimikrobiellen Verbindungen aus den Apfel-Kerngehäusen.

4 Danach gießt Du die Flüssigkeit durch ein feinmaschiges Sieb in eine saubere Schüssel. Presse die Apfelstücke gut aus, um so viel Flüssigkeit wie möglich daraus zu gewinnen. Gib die Reste auf den Kompost.

5 Verrühre die Flüssigkeit in der Schüssel gut mit dem Aloe-Vera-Gel und dem Teebaum-Öl. Fülle alles in eine Flasche mit Pumpaufsatz um.

6 Sprühe eine kleine Menge des Apfel-Desinfektionsmittels auf Deine Hände und verteile es, bis sie trocken sind.

DARUM WIRKT'S

Äpfel enthalten natürliche antimikrobielle Verbindungen wie Apfelsäure, die helfen können, die Anzahl der Keime auf den Händen zu reduzieren. Der natürliche Zucker- und der hohe Wassergehalt der Kerngehäuse spenden Deiner Haut Feuchtigkeit und beugen Trockenheit vor, die häufig bei handelsüblichen Hand-Desinfektionsmitteln auftritt. Aloe Vera spendet zusätzliche Feuchtigkeit, während das Teebaum-Öl ergänzend antibakterielle, antivirale und fungizide Eigenschaften hat und dem Ganzen einen angenehmen Duft verleiht.

BASICS

Jedes Duft-Öl, dessen Herstellung ich in diesem Buch erkläre, ist im Gegensatz zu einem ätherischen Öl nur ein Pflanzenöl-Auszug. Aber was ist der Unterschied? Beide nutzen die Vorteile von Pflanzen, unterscheiden sich aber erheblich in ihrer Zubereitung, Wirksamkeit und Anwendung. Ätherische Öle werden durch Destillation gewonnen. Sie sind stärker konzentriert, wirksamer als Mazerationen (Ölauszüge) und benötigen zur Herstellung viel mehr Material von einer Pflanze. Ihre kraftvolle Wirkung erfordert einen vorsichtigen Umgang: Während nur ganz wenige ätherische Öle direkt auf der Haut angewendet werden können, müssen die meisten von ihnen in einem Trägeröl verdünnt werden, um sie sicher verwenden zu können.

Auf der anderen Seite bieten Ölauszüge einen sanfteren, einfacheren Zugang, um die Vorteile von Pflanzen zu nutzen. Sie sind eine realistischere und praktikable Option zum Selbermachen: Frische oder getrocknete Kräuter werden in einem Gefäß mit einem Trägeröl wie Oliven- oder Mandelöl aufgegossen und dann abgedeckt. Im Laufe von etwa einem Monat verbinden sich diese Öle mit dem Pflanzenmaterial und extrahieren ganz allmählich die fettlöslichen Bestandteile, einschließlich der ätherischen Öle. Ölauszüge werden oft als eigenständige Behandlung verwendet oder dienen als Grundlage für Hautpflegeprodukte, die mit ihrer Hilfe auf natürliche Weise in die Haut eindringen und so die Essenz der Pflanze tiefer in den Körper transportieren.

MINZ-ÖL

verwelkte Minzblätter *(so viele Du hast)*
Mandel-, Oliven- oder ein anderes Träger-Öl nach Wahl

1 Mörser mit Stößel *(falls Du keinen hast, reicht ein Löffel auch)*
1 luftdichter Behälter mit Deckel, z. B. Einmach-Glas
1 feinmaschiges Sieb oder Musselin *(Käsetuch)*
1 kleine Flasche

Wir haben hier keine genauen Maße angegeben, da dies von der Menge der Minzblätter abhängt, die Du aufbrauchen musst. Du kannst also so viel oder so wenig machen wie Du möchtest.

1 Vergewissere Dich, dass Deine Minzblätter trocken sind. Zerkleinere die Blätter mit einem Stößel in einem Mörser (oder zerdrücke sie mit der Rückseite eines Löffels auf einer harten, festen Oberfläche). Die Idee ist, sie grob zu zermahlen, aber nicht zu pulverisieren, damit sie ihr Aroma freisetzen können.

2 Gib die zerkleinerte Minze in das Glas und fülle so viel Trägeröl auf, bis sie ganz bedeckt ist. Die Menge des Öls bestimmt, wie stark Dein Öl letztendlich von der Minze aromatisiert wird. Schüttle das Glas ein wenig, um sicherzustellen, dass alle Blätter untergetaucht sind.

3 Schließe den Deckel und lass das Gefäß an einem warmen, dunklen Ort 24–48 Stunden stehen.

4 Danach werden die Blätter durch ein feinmaschiges Sieb oder ein Mulltuch vom Öl getrennt. Wenn noch Blattreste im Öl sind, versuche sie von Hand zu entfernen oder seihe das Öl erneut ab. Je weniger Stücke im Öl verbleiben, desto länger wird es halten. Fülle das durchgesiebte Öl in eine Flasche.

5 Nun ist das Öl bereit für die Verwendung in der Lippenpflege auf Seite 30. Dieses Öl hält sich drei bis sechs Monate an einem kühlen, trockenen Ort.

TIPP

Wenn Du die Intensität des Öls erhöhen willst, nimm beim nächsten Mal die gleiche Menge Öl, aber mehr Blätter.

INGWER-ÖL

für ca. 30 ml

7 EL natives Kokosöl
2–3 Stücke frische Ingwerwurzel (*ca. 100 g*), klein gewürfelt

1 Kochtopf
1 feinmaschiges Sieb
1 kleine Flasche oder 1 Glas

Im Buch wird dieses Öl im festen Shampoo verwendet (siehe Seite 40), aber es gibt auch andere Möglichkeiten, es in Deine Kreationen einfließen zu lassen. Es kann auf Pickel aufgetragen werden, Du kannst ein paar Tropfen davon in Dein Gesichtswasser oder in Deine Gesichtsmaske mischen. Sein größter Vorteil: Es bringt Deine Haut zum Strahlen! Es fördert die Durchblutung, kurbelt die Kollagenproduktion an und wirkt ausgleichend auf den Farbton Deiner Haut.

1 Schmelze das Kokosöl in einem kleinen Kochtopf auf ganz sanfter Hitze. Sobald es geschmolzen ist, sollte es ausreichen, um den Topfboden zu bedecken.

2 Rühre die Ingwerwürfel unter, bis sie ganz vom Öl umhüllt sind. Lass sie darin 40 Minuten ziehen, immer noch bei sehr geringer Hitze. Der Ingwer soll erhitzt werden, aber nicht kochen. Rühre gelegentlich um.

3 Nimm den Topf vom Herd und lass alles etwas abkühlen. Gieße das Öl durch ein Sieb in eine Flasche oder ein Glas. Es ist nun fertig zur Verwendung im Ingwer-Shampoo von Seite 40.

ZITRONENSCHALEN-ÖL

für 75–100 ml

4–6 Bio-Zitronen, feiner Schalenabrieb
75–100 ml Olivenöl

1 Metallschüssel und 1 Kochtopf für ein Wasserbad oder 1 doppelwandiger Topf
1 feinmaschiges Sieb
1 getönte Glasflasche mit einem Fassungsvermögen von 75–100 ml

Für mich ist der größte Reiz dieses Zitronenöls sein frischer Duft. Man findet Zitrone in so vielen Haushaltsreinigern, Waschmitteln und Duft-Produkten, aber das ist nicht der einzige Pluspunkt. Zitrone entfernt Kalkablagerungen, wirkt ganz natürlich antibakteriell sowie antiseptisch und hilft bei der Fett- und Fleckenentfernung. Es ist also eine sichere Bank, Zitronenöl in so ziemlich alles einzubauen, das mit Reinigung, Textilien oder Haushalt zu tun hat!

1 Fülle den Topf etwa 5 cm hoch mit Wasser und bringe es bei mittlerer Hitze zum Köcheln. Stelle nun die hitzebeständige Schüssel so auf den Kochtopf, dass sie fest darauf sitzt, ohne das Wasser zu berühren (siehe auch Seite 30).

2 Gib die Zitronenschale und das Öl in die Schüssel und verrühre es, damit es sich gut verbindet. Lass es 30 Minuten oder eine Stunde über dem heißen Wasserbad ziehen, Du musst möglicherweise etwas Wasser im Topf nachfüllen. Rühre in der Zeit gelegentlich um, bis der Zitrusduft den Geruch von Olivenöl vollständig verdrängt hat.

3 Wenn das Zitronenschalen-Öl fertig ist, nimm die Schüssel vom heißen Wasserbad und lass es abkühlen, bevor Du das Öl durch ein Sieb abseihst, um die Schale zu entfernen. Füll dann das Öl in eine Flasche. Nun ist es z. B. bereit für die Verwendung im WC-Duft von Seite 126. Das Öl ist sechs Monate haltbar, wenn es an einem kühlen, lichtgeschützten Ort gelagert wird.

ORANGENSCHALEN-ÖL

für 75–100 ml

4–6 Bio-Orangen, feiner Schalenabrieb
75–100 ml Olivenöl

1 Metallschüssel und 1 Kochtopf für ein Wasserbad oder 1 doppelwandiger Topf
1 feinmaschiges Sieb
1 getönte Glasflasche mit einem Fassungsvermögen von 75–100 ml

Der gleichen Logik wie für das Zitronenschalen-Öl folgend, habe ich in diesem Buch ein Rezept für ein Deodorant mit Orangenöl kreiert. Es wirkt großartig bei der Neutralisierung von Gerüchen! Orange besitzt ähnliche Vorteile wie die Zitrone, ist aber weniger stark und reizt daher die Haut auch weniger. Aus diesem Grund bevorzuge ich die Zitrone für Haushaltsrezepte und lasse die Orange in Hautprodukten ihre Magie vollbringen, wenn ihr Öl entsprechend verdünnt wird.

1 Fülle den Topf etwa 5 cm hoch mit Wasser und bringe es bei mittlerer Hitze zum Köcheln. Stelle nun die hitzebeständige Schüssel so auf den Kochtopf, dass sie fest darauf sitzt, ohne das Wasser zu berühren (siehe auch Seite 30).

2 Gib die Orangenschale und das Öl in die Schüssel und verrühre es, damit es sich gut verbindet. Lass es 30 Minuten oder eine Stunde über dem heißen Wasserbad ziehen, Du musst möglicherweise etwas Wasser im Topf nachfüllen. Rühre in der Zeit gelegentlich um, bis der Orangenduft den Geruch von Olivenöl vollständig verdrängt.

3 Wenn das Orangenschalen-Öl fertig ist, nimm die Schüssel vom heißen Wasserbad und lass es abkühlen, bevor Du das Öl durch ein Sieb abseihst, um die Schale zu entfernen. Füll das Öl in eine Flasche. Nun ist es z. B. bereit für die Verwendung im Körperöl von Seite 60. Das Öl ist sechs Monate haltbar, wenn es an einem kühlen, lichtgeschützten Ort gelagert wird.

APRIKOSENKERN-ÖL

für 10 ml

ca. 8 weiche Aprikosenkerne, ohne die harte Schale *(z. B. mit einem Nussknacker entfernt; sie sehen aus wie Mandeln)*
warmes Wasser

1 Glas mit Deckel oder 1 kleine braune oder blaue Glasflasche

Wenn Du eine Schale Aprikosen genossen hast, behalte die Kerne! Darin eingeschlossen ist der Samen, aus dem wir unser Öl herstellen.

1 Gib alle weichen Aprikosenkerne in eine Küchenmaschine und püriere sie fein. Gib das Püree in eine große Schüssel und füge 2 EL warmes Wasser hinzu.

2 Knete die Masse und füge etwa jede Minute einen Esslöffel warmes Wasser hinzu, verteilt über fünf Minuten. Die Mischung verändert sich dadurch, sie fühlt sich klebrig und ölig an. Gib keinesfalls zu viel Wasser dazu, die Masse darf sich nie nass anfühlen.

3 Nach einigen Minuten des Knetens wirst Du merken, wie ölig die Masse nun ist. Gib kein weiteres Wasser dazu, sondern fange an, die Masse gründlich auszudrücken, bis Öl aus ihr kommt. Du kannst es direkt in ein Glas geben (wir empfehlen hierfür eine Braunglas- oder Blauglasflasche) oder zuvor abseihen, falls das nötig ist.

4 Das Öl sollte etwa sechs Monate haltbar sein, wenn es an einem kühlen, lichtgeschützten Ort gelagert wird. Es ist nun z. B. bereit für die Verwendung in der Aprikosen-Handcreme von Seite 32.

ZIMT-ÖL

für 50 ml

10 saubere, trockene Zimtstangen
ca. 50 ml Avocado-Öl

1 Gefäß mit Deckel oder 1 kleine getönte Flasche

*Für unser Parfüm verwenden wir bei **UpCircle** Zimtrinden-Ausschuss, den wir aus Sri Lanka beziehen. Das daraus gewonnene Öl ist würzig und pfeffrig mit einem Hauch von Vanille. Die von der Sonne erwärmte Zimtrinde rollt sich beim Trocknen auf, aber es bleiben immer ein paar ungleichmäßige Rollen übrig. Der Verlust des Gewürzmarktes ist unser Gewinn, denn diese unvollkommenen Zimtstangen werden zu einem raffinierten und eleganten Duftöl mit süßer, holziger Note.*

1 Stelle die Zimtstangen in das Gefäß und fülle mit so viel Avocado-Öl auf, bis alle Stangen davon bedeckt sind. Stelle es drei bis fünf Wochen an einen sonnigen Platz und schüttle es jeden Tag ein wenig durch.

2 Seihe danach das Öl ab, werfe die Zimtstangen auf den Kompost und gieß das Öl in eine saubere Flasche. Es ist nun z. B. fertig zur Verwendung in der Zimtpflege für pralle Lippen von Seite 58.

3 Das Öl sollte etwa sechs Monate haltbar sein, wenn es an einem kühlen, lichtgeschützten Ort gelagert wird.

ROTE-BETE-PULVER

ergibt ca. 100 g

2–3 Rote Bete

Rote Bete ist das Lieblingsgemüse meiner Mutter und sie baut es selbst an. Ich müsste lügen, wenn ich behaupten würde, dass es zu meinen 15 Lieblings-Gemüsen zählt. Wenn sie mir also eine Ladung ihrer frischen Ernte vorbeibringt, verarbeite ich sie normalerweise zu Pulver, damit nichts verschwendet wird! Tut mir leid, Mama.

1. Wasche die Rote Bete gründlich und rasple sie dann fein oder hoble sie in einer Küchenmaschine.

2. Breite die Rote Bete auf einem mit unbeschichtetem Backpapier (Pergamentpapier) ausgelegten Blech aus und stelle sie mindestens 48 Stunden an einen sonnigen Platz. Alternativ kannst Du sie auch bei sehr niedriger Temperatur in den Backofen geben (unter 100 °C) und etwa 20 Minuten darin trocknen lassen. Drehe sie nach 20 Minuten auf die andere Seite und schiebe sie für weitere 20 Minuten in den Ofen. Sobald sie richtig knusprig sind, sind die Raspel fertig. Ziel ist es, der Roten Bete die gesamte Feuchtigkeit zu entziehen.

3. Gib die getrocknete Rote Bete in eine elektrische Kaffeemühle oder einen Mixer und zermahle sie zu feinem Pulver mit einem schönen rosa Farbton. Das Pulver ist ein Jahr haltbar, wenn es in einem luftdicht schließenden Behälter an einem kühlen, trockenen Ort gelagert wird.

4. Das Rote-Bete-Pulver kann nun z. B. im Rouge von Seite 88 verwendet werden.

WIE MAN ALOE-VERA-GEL

aus einem Blatt gewinnt

Zwar ist Aloe-Vera-Gel relativ leicht erhältlich, aber es ganz frisch aus einem Blatt zu bekommen, ist tatsächlich völlig unkompliziert. Hier ist eine Schritt-für-Schritt-Anleitung für Dich.

1 Wähle ein reifes und gesundes Blatt aus dem äußeren Teil der Aloe-Vera-Pflanze. Die äußeren Blätter sind in der Regel größer und robuster, so dass sie besser geerntet werden können.

2 Spüle das Aloe-Vera-Blatt gründlich unter fließendem warmen Wasser ab, um Schmutz, Ablagerungen und mögliche Pestizide oder Chemikalien zu entfernen.

3 Schneide das Blatt mit einem scharfen Messer oder einer Schere dicht an der Pflanze ab. Achte auf einen sauberen Schnitt, denn gezackte Kanten machen es schwieriger, das Gel zu gewinnen.

4 Aus dem abgeschnittenen Blatt tritt eine gelbliche Flüssigkeit aus. Dies ist der bittere Milchsaft, der bei manchen Menschen Hautreizungen hervorrufen kann. Lege das abgeschnittene Blatt aufrecht mit der Schnittseite nach unten hin, um den Milchsaft 10–15 Minuten in einen Behälter abtropfen zu lassen.

5 Lege das Blatt nach dem Abtropfen flach auf ein Schneidebrett. Trenne mit einem Messer vorsichtig die gezackten Ränder ab und entferne auf beiden Seiten die oberste Schicht der Blatthaut (die grüne äußere Schicht). Gehe behutsam und vorsichtig dabei vor und schneide nicht zu tief, denn Du willst ja das Gel unter der Haut.

6 Sobald Du alle Haut entfernt hast, siehst Du das klare Gel darunter. Schöpfe nun mit einem Löffel oder einem Buttermesser das Gel vorsichtig aus dem Blatt. Vermeide dabei, das Gel zu beschädigen oder es mit Resten der Blatthaut zu verunreinigen.

7 Sammle das entnommene Gel in einer sauberen Schüssel oder in einem Behälter. Du kannst es sofort verwenden oder in einem luftdicht schließenden Behälter im Kühlschrank aufbewahren. So ist es zwei bis drei Wochen haltbar.

REGISTER

ÜBER DIE AUTORIN

Anna war erst 22 Jahre alt, als sie UpCircle mit ihrem Bruder gründete. In Großbritannien ist die Marke heute die Nr. 1 unter den Upcycling-Schönheitsprodukten. Sie sind inzwischen in über 50 Ländern erhältlich. UpCircle's riesige und schnell wachsende Produktpalette umfasst mehr als 50 wiederverwertete Zutaten.

Gründer neigen dazu, viele Hüte zu tragen, aber Anna beschreibt ihre Rolle innerhalb des Unternehmens grob als „Die Geschichtenerzählerin". Sie leitet das Marketing und den Vertrieb für UpCircle und ist die Stimme der Marke, wann immer sie eine benötigt. Vorstellungen, Gremien, Podcasts, Interviews, Auszeichnungen, Radio- und TV-Auftritte – alle von Anna. Abgesehen von den Themen Schönheit und Kreislaufwirtschaft, ist es Anna ein persönliches Anliegen, einmal pro Woche über das Thema „Frauen in der Wirtschaft" zu sprechen.

Im Alter von 27 Jahren wurde Anna als eine von „Forbes 30 under-30"-Preisträger*innen ausgezeichnet. Sie führt ihren Erfolg auf die Bereitschaft zurück, die Ärmel hochzukrempeln und sich an jeder Aufgabe zu beteiligen, die nötig ist, sowie ihre Fähigkeit, jede Situation mit Humor zu meistern, ganz gleich wie katastrophal sie auch erscheinen mag! Annas Arbeit am Schnittpunkt von Schönheit, Unternehmertum, Kreislaufwirtschaft, Innovation und Klimawandel zeigt, dass sie eine der führenden Persönlichkeiten im Bereich der Nachhaltigkeit ist.

DANKSAGUNG

Zuallererst möchte ich mich bei William bedanken. Wir sind zufällig Geschwister, aber absichtlich Geschäftspartner; nichts von allem wäre passiert ohne seinen Verstand oder sein unerschütterliches Engagement für den Erfolg von UpCircle. Ich wusste immer schon, dass er der klügste Mensch ist, den ich kenne, aber seine irritierend guten Instinkte in der Hautpflege- und Schönheitswelt waren definitiv eine Überraschung! Ich bin so stolz auf uns als Duo und auf das, was wir geschaffen haben – also danke, dass Du mit mir den Stress des Ganzen halbierst.

Zweitens möchte ich dem Rest der Brightmans meinen Dank aussprechen. Ob es um das Sammeln von Kaffeesatz während der Festtage, die Etikettierung von unerwartet großen Großhandelsaufträgen ging, uns zu Messen zu fahren und uns an unzähligen Wochenenden beim Verkauf zu helfen oder für uns zu modeln – meine Schwestern und Eltern sind das beste Unterstützungs-Team, das William und ich jemals verlangen könnten!

Dann danke ich Marcus und Maya, meiner Familie. Marcus, Du bist die Liebe meines Lebens. Du bist meine Motivation und mein Motivierer und ich bin so froh, dass ich Dich habe.
Ich möchte auch dem Verlagsteam danken, das mich durch diesen Buch-Prozess geleitet und dafür gesorgt hat, dass meine Ideen visuell zum Leben erweckt wurden. Issy, Nikki, Lizzie und Libby, ihr seid alle so unglaublich talentiert und ich hätte mir kein besseres Team wünschen können, das die Schönheit des Upcyclings so toll in Szene setzen kann.

Zum Schluss noch ein Wort an das *UpCircle*-Team. Ihr alle seid *UpCircle*. Ich danke euch für eure Leidenschaft, euren Geist, euren Elan und eure Bereitschaft, euch einzubringen (z. B. als Model in diesem Buch) und für alles was ihr tut, um unsere Marke zu dem zu machen, was sie ist.

IMPRESSUM

Die englische Originalausgabe erschien unter dem Titel
„Upcycled Beauty – transform everday ingredients into no-waste beauty products“

Printed in China 2024 5 4 3 2 1 | 2027 2026 2025 2024
ISBN 978-3-7750-0824-2

Fotos: Lizzie Mayson • Gestaltung und Illustrationen: Studio Nic & Lou • Übersetzung aus dem Englischen: Mary Hunter • Lektorat der deutschen Ausgabe: Simone Graff • Satz und Typografie der deutschen Ausgabe: Julia Graff, Hädecke Verlag • Gesetzt in der Swear, TT Nooks und Seravek.

Hinweise & Abkürzungen

Die in diesem Buch genannten Informationen wurden sorgfältig recherchiert und nach bestem Wissen und Gewissen wiedergegeben. Die Hinweise zu den Wirkungen der Zutaten ersetzen aber in keinem Fall den Rat und die Hilfe einer Hautärztin, Therapeutin oder die eines Hautarztes oder Therapeuten. Der Verlag und die Autorin übernehmen keine Haftung für Schäden, die durch unsachgemäße Anwendung der dargestellten Methoden oder Zubereitungen entstehen und übernehmen keine Verantwortung für medizinische Forderungen.

EL = Esslöffel
TL = Teelöffel
Trp = Tropfen
g = Gramm
mm = Milliliter
cm = Zentimeter

FSC www.fsc.org
MIX
Papier | Fördert gute Waldnutzung
FSC® C018179